GUÍA TEXTIL
DE LOS ALTOS
DE CHIAPAS

◆

A TEXTILE GUIDE
TO THE HIGHLANDS
OF CHIAPAS

WALTER F. MORRIS, JR.

ALFREDO MARTÍNEZ · JANET SCHWARTZ · CAROL KARASIK

MW00825087

Text: Walter F. Morris, Jr.
Editor: Carol Karasik
Photography: Janet Schwartz, Alfredo Martínez Fernàndez, Walter F. Morris, Jr.
Translation to Spanish: Christina Guerrero Harmon, Naomi Brickman
Design: Ann W. Douden
Map art: Susan Strawn

Imagen de la portada: Tejedores de Huixtán desplegar banda ceremonial de un hombre.
Foto de Alfredo Martínez.
Cover image: Weavers of Huixtán unfurl a man's ceremonial sash. Photo by Alfredo Martínez.

Revised edition © 2011 Walter F. Morris, Jr.
All rights reserved

Library of Congress Control Number: 2011940820

Published by
THRUMS   Linda Ligon for Thrums, LLC
306 North Washington Avenue
Loveland, Colorado 80538
USA

and

Asociación Cultural Na Bolom A.C.
Vicente Guerrero num 33, Barrio del Cerrillo
San Cristóbal de Las Casas, Chiapas
Mexico 29220

Printed in China

Contrario: San Andrés, fiesta del quinto viernes de la Cuaresma

Opposite: San Andrés, Festival of the Fifth Friday of Lent.

◆

Para la Asociación Cultural Na Bolom es una enorme satisfacción publicar este nuevo trabajo de Walter "Chip" F. Morris, Jr., autor de un gran número de libros y artículos que han contextualizado el arte textil maya. En particular, dos de sus libros han contribuido de manera práctica a la comprensión de la tradición textil en la zona maya de Chiapas, iluminando su historia desde la antigüedad hasta nuestros días. Cada uno de sus libros esclarece un paradigma.

En *Un milenio de tejido en Chiapas*, publicado hace casi twenty años, Chip demuestra que los complejos diseños observados en los textiles contemporáneos surgieron junto con los mayas de Yaxchilán, Palenque y Bonampak. Es aun más revelador su popular y reconocido estudio, *Presencia Maya*, pues nos aleja de la visión arqueológica y antropológica de los indígenas mayas de hoy como el último rastro de una civilización perdida.

En este libro que ahora presentamos, Chip amplía este tema. El autor no sólo da por sentado que la cultura maya continúa viva, sino que describe los rasgos de modernidad que la caracterizan. Las mujeres mayas preservan sus tradiciones artísticas, tejiendo sus más recientes creaciones en la urdimbre.

Durante muchos años, Chip se ha comprometido a preservar el arte y los diseños antiguos de la más alta tradición maya. Su dedicación lo llevó a crear la Colección Pellizzi que a su vez lo inspiró a fundar, junto con Pedro Meza, la cooperativa de tejedoras Sna Jolobil. Gracias a este esfuerzo, miles de familias que bordan, tejen, tiñen y brocan piezas bellísimas basadas en técnicas antiguas, han prosperado económicamente y han logrado trabajos más refinados y de mejor calidad.

Las fotografías de Janet Schwartz documentan, enriquecen el texto y vitalizan la cultura. Las fotografías de Alfredo Martínez, en la rica tradición de Gertrude Duby, embellecen el libro y fortalecen el acervo histórico de Na Bolom.

Las aportaciones de Chip siempre son innovadoras, porque entiende del mundo indígena de los Altos de Chiapas mejor que la mayoría de las personas occidentales. Habla tzotzil, tiene grandes amigos en las comunidades, y convive como uno más con los indígenas en fiestas. Su perspicacia ha permitido que Na Bolom promueva iniciativas que se perciben desde una perspectiva indígena.

María Luisa Armendáriz, Presidenta del Consejo
Asociación Cultural Na Bolom

Asociación Cultural Na Bolom is delighted to present this latest book by Walter "Chip" F. Morris, Jr., who is the author of a number of books and articles that contextualize Maya textile art. Two of his earlier books are practical guides to the Maya textile tradition of Highland Chiapas, illuminating its history from antiquity to the present. Each book clarifies a new paradigm.

In *A Millenium of Weaving in Chiapas*, published almost twenty years ago, he shows that the complex designs seen in contemporary textiles originated with the Maya people of Yaxchilan, Palenque, and Bonampak. His popular and influential book, *Living Maya*, is even more enlightening, steering us away from an archaeological and anthropological view of living Maya people as the last trace of a lost civilization.

This book further expands the theme. Not only does Chip make it clear that Maya culture is still alive; he also articulates the features of modernity that characterize it. The preservation of Maya women's artistic traditions and customs becomes the warp on which they weave their newest creations.

For many years, Chip has been committed to preserving the ancient art and designs of the Maya textile tradition. His dedication led him to create the Pellizzi Collection, which, in turn, inspired him to found, along with Pedro Meza, the Sna Jolobil weaving cooperative. Thanks to his efforts, the economic prosperity of thousands of families that embroider, weave, dye, and brocade beautiful pieces is based on ancient techniques, and the quality of these newer works grows increasingly finer.

The documentary photographs by Janet Schwartz enrich the text and bring the culture to life. Enhancing the book are photographs by Alfredo Martínez, who, following in the footsteps of Gertrude Duby, strengthens Na Bolom's archival collection.

Chip's contributions are always innovative because, more than most Westerners, he understands the indigenous world of the Chiapas Highlands. He speaks Tzotzil, has close friends in the communities, and participates in Maya fiestas as one of their own. His insights have helped Na Bolom to promote program initiatives that are perceived from an indigenous perspective.

Maria Luisa Armendáriz, President of the Board
Asociación Cultural Na Bolom

CONTENIDOS/CONTENTS

1   Introducción / Introduction

13   Magdalenas Aldama

25   Santa Marta

31   Santiago el Pinar

35   San Andrés Larráinzar

41   El Bosque

47   Chalchihuitán

55   Pantelhó

61   Chenalhó and Mitontic

67   Tenejapa

75   San Juan Cancuc

81   Oxchuc

87   Abasolo

91   Huixtán

97   Chanal

101   Amatenango del Valle

107   Aguacatenango

111   Venustiano Carranza

121   Chamula

133   Zinacantán

145   San Cristóbal de Las Casas

149   Índice / Index

151   Sobre Los Autores / About the Authors

Contrario: Tejedora de San Andrés en su telar de cintura. Mientras se teje la tela, se agregan hilos de colores para crear diseños geométricos con una técnica que se conoce como brocado.

Opposite: San Andrés weaver at her backstrap loom. As the cloth is woven, colored threads are added to create geometric designs in a technique known as brocade.

INTRODUCCIÓN

Las mujeres mayas, imbudas del espiritu y de las habilidades de sus ancestras, están creando una nueva visioon de ellas mismas y del mundo. Con esta, estan afirmando la tradicion a traves de algo nuevo, resistente y esperanzador. Preparadas para el cambio las tejedoras mayas estan transformado su cultura en nuestra presencia.

INTRODUCTION

Imbued with the spirit and skills of their ancestors, Maya women are creating new visions of themselves and the world, visions that are affirmations of tradition translated into something new, resilient, and hopeful. Dressed for change, Maya weavers are visibly transforming their culture before our very eyes.

Contrario: El Valle de Magdalenas enmarcado por la escarpada sierra de Chalchihuitán.

Opposite: Valley of Magdalenas framed by the rugged Chalchihuitán Mountains.

Al principio del mundo, cuando los santos recorrían la tierra, San Andrés encontró un buen sitio para que viviera su gente. Éste, se encontraba en el borde de una alta montaña, desde donde se divisaba un hermoso valle. En este lugar, su gente prosperaría, y él, como su santo patrón, sería adorado, alimentado y vestido con los mantos más finos.

Sin embargo, había un pequeño detalle: la tierra yacía bajo el agua. Tzojaats' c'ob, un monstruo de manos peludas, había tapado todas las coladeras y los desagües naturales. San Andrés compelió al monstruo de manos peludas a subir desde el fondo del lago donde se encontraba, y peleó contra él con uñas y dientes. El cielo tronaba y la tierra temblaba, y al fin, San Andrés venció a Mano Peluda, desterrándolo, junto con sus terribles aguas crecidas, al profundo mar Caribe.

–¿Ay, qué será de mí?–se lamentaba Mano Peluda.

–Bueno,–le dijo San Andrés con piedad a la horrorosa criatura,–tal vez puedas regresar de visita cuando mi gente celebre mi festividad.

–¡Sería un placer!–dijo rugiendo Mano Peluda. Y, efectivamente, cada año a fines de noviembre durante el Festival de San Andrés, desde el Caribe soplan tormentas mons-truosas; y la lluvia cae a cántaros sobre los devotos, reunidos en la iglesia.

◆

At the beginning of the world, when the saints walked the earth, San Andrés found a good place for his people to live. It was on a high mountain rim overlooking a beautiful valley. There the people would prosper and praise him as their holy patron, feed him and dress him in the finest robes.

The trouble was, the land lay under water. A *Tzojaats' C'ob*, a hairy-handed monster, had plugged up all the natural drains and sink holes. San Andrés summoned the monster from the bottom of the lake and fought him tooth and nail. The sky thundered and the earth quaked, but at last San Andrés defeated Hairy Hand and banished the monster and his terrible floodwaters to the deep Caribbean Sea.

"Oh, what will become of me?" wailed Hairy Hand.

"Well, perhaps you can come back for a visit when my people celebrate my feast day," said San Andrés, taking pity on the awful creature.

"With pleasure!" bellowed Hairy Hand. And sure enough, during the Festival of San Andrés in late November, monstrous storms blow in from the Caribbean and rain down upon the worshippers gathered at the church.

Contrario: San Andrés visita a Santiago en el día de la fiesta de su hermanito.

Opposite: San Andrés comes to visit Santiago on his younger brother's feast day.

Siempre que brilla el sol, lo santos patronos–protectores de los demás pueblos del valle–disfrutan visitándose unos a otros. Sólo Santiago, el "hermano pequeño" de San Andrés, desafía con valentía al mal tiempo para asistir a la festividad de su hermano mayor.

Mientras suenan las campanas matutinas, los hombres y las mujeres guardianes del santo, los mayordomos y *martomas*, colocan a la imagen de Santiago en un arca de madera; con la música del tambor y de la flauta, lo llevan a cuestas durante una larga hora, desde Santiago El Pinar hasta San Andrés Larráinzar. Cuando alcanzan la última colina, colocan a Santiago en un anda repleta de flores donde aguarda la alegre llegada de su hermano. Mientras tanto, los *martomas* y mayordomos, que diariamente atienden a San Andrés, pasean la imagen de su santo patrón por las calles. Sumándose a la gloriosa procesión, docenas de mujeres sahúman el aire con fragante incienso. El estallido de los cohetes y la música de los diferentes instrumentos producen una alegre cacofonía que le agrada a los santos. Las nubes se arremolinan y en lo alto se escucha un estruendo lejano.

◆

The patron saints who bless the other towns around the valley delight in visiting one another any time the sun shines. But only Santiago, San Andrés' "little brother," will brave the miserable weather to attend his older brother's feast day. As morning bells ring out, the saint's guardians, the *majordomos* and *martomas*, lay the image of Santiago in a wooden coffer and, to the music of drum and flute, bear him on their backs from the town of Santiago El Pinar to San Andrés Larráinzar, a heavy hour's walk away. When they reach the last hill, they place Santiago on a flower-laden palanquin where he awaits the glad arrival of his brother.

Meanwhile, the *majordomos* and *martomas* who daily serve San Andrés are parading the image of their patron saint through the streets. Swelling the glorious procession, dozens of women perfume the air with fragrant incense smoke. Skyrockets blast and musicians play, creating a joyful cacophony pleasing to the saints. The clouds swirl, and overhead there is a distant rumble.

Contrario: Las majordomos de Santiago y San Andrés en un saludo ritual.

Opposite: The majordomos of Santiago and San Andrés in ritual greeting

Los santos patronos de los pueblos vecinos, María Magdalena Aldama y Santa Marta, prefieren ir de visita en la temporada seca. Este encuentro divino, como tantas fiestas celebradas por los pueblos mayas, es a la vez sagrado y escandaloso. El día antes del cuarto viernes de Cuaresma–un periodo de sacrificios según el calendario católico–las santas, mientras esperan el saludo de San Andrés, son vestidas con los ropajes más espléndidos. Acompañadas de música, fuegos artificiales y nubes de incienso, las tres santas son introducidas en la iglesia de atmósfera silenciosa e iluminada por la luz de las velas. En circunstancias normales, a los santos y a las santas los colocan en lados opuestos del santuario, pero en esta rara ocasión, San Andrés toma su lugar entre Santa Magdalena y Santa Marta. Al caer la noche, una vez que las puertas de la iglesia se cierran, la gente comienza con sus cuchicheos. –¿Qué estarán haciendo? –dicen. Y del pueblo emanan todo tipo de rumores sobre la relación entre San Andrés y las dos mujeres, cuya fidelidad las hizo dignas del favor de Nuestro Señor.

The patron saints of the nearby towns of María Magdalena Aldama and Santa Marta prefer to visit during the dry season. Like so many Maya celebrations, this divine meeting is both sacred and scandalous. The day before the fourth Friday of Lent—a sacrificial period in the church calendar—the female saints are dressed in the most lavish robes as they wait for San Andrés to greet them. Accompanied by music, fireworks, and clouds of incense, the three saints are carried into the hushed, candlelit church. Under normal circumstances, male and female saints are consigned to opposite sides of the sanctuary, but on this rare occasion San Andrés takes his place between Santa Magdalena and Santa Marta. After the church doors are closed at night, people begin to whisper. "What could they be doing in there?" they say. And the town drifts into all sorts of speculations about the relationship between San Andrés and the two humble women who won Our Lord's favor.

Arriba: San Andrés es cargado en procesión hasta el pueblo de Santiago el Pinar.

Above: San Andrés is carried in procession to the town of Santiago el Pinar.

En cuanto a los asuntos celestiales, ¿quién sabe? En *sba balumil*–la superficie de la tierra donde viven los hombres y las mujeres cuando no están soñando–la gente de estas cuatro comunidades está en contacto constante, unida a través los rituales, el comercio y lo cotidiano de su vida diaria. Y sin embargo, permanece sorprendentemente alejada. Los matrimonios entre personas de distintos pueblos son poco comunes. En cada comunidad se habla un dialecto particular del tzotzil maya, y en cada una de ellas se viste de manera diferente. Cómo vivir en paz con tus vecinos sin perder tu identidad cultural: este es un dilema antiguo y universal, que se ha debatido entre las comunidades mayas durante miles de años.

Los cuatro pueblos que rodean al Valle de Magdalenas son un microcosmos del antiguo sistema político maya. A través de su larga historia, la civilización maya nunca formó un centro imperial. En cambio, muchas de sus poderosas ciudades-estado, como Palenque y Yaxchilán, compartían básicamente las mismas creencias que quedaban representadas a través de estilos locales de arte definidos. La conquista española no puso fin a las alianzas, a las guerras y a dos mil años de debate. El territorio que ocupan actualmente los poblados de San Andrés Larráinzar, Santiago el Pinar, María Magdalena Aldama y Santa Marta, estaban poblados mucho antes de que llegaran los españoles a estos lugares. A lo largo de los siglos, estos pueblos han expresado sus diferencias, y las de ellos con los extranjeros, a través de levantamientos políticos, de visiones religiosas y del tejido.

Who knows of heavenly affairs? Here on *Sba Balumil*, the surface of the earth where men and women live when they are not dreaming, the people of these four communities are in constant contact, drawn together through rituals, commerce, and the commonality of their daily lives. And yet they remain remarkably separate. Intermarriage is rare; each community speaks a distinct dialect of Tzotzil Maya; and each wears a different style of dress. How to live peaceably with your neighbors without losing your cultural identity is an age-old, universal quandary, one that has been debated among Maya communities for millennia.

The four towns that surround the valley of Magdalenas are a microcosm of the ancient Maya political system. Throughout its long history, Maya civilization never formed a unified imperial center. Instead, many powerful city-states such as Palenque and Yaxchilan shared basic beliefs that were represented in distinct local styles of art. Alliances, wars, and two thousand years of debate did not end with the Spanish Conquest. San Andrés Larráinzar, Santiago El Pinar, María Magdalena Aldama, and Santa Marta existed long before the arrival of the Spaniards. Over the centuries, their differences with one another and with foreigners have been expressed in political uprisings, in religious visions, and in weaving.

—from *Living Maya by W.F. Morris, Jr. and Jeffrey Jay Foxx* (Harry N. Abrams Inc., NYC, 1978)

CLÁSICO Y MODERNO

El huipil usado por la Señora Xoc de Yaxchilán en 709 A.C. es ascendiente directo de los huipiles ceremoniales de los Altos de Chiapas. En los huipiles antiguos y modernos, el diseño central a rombos representa los cuatro puntos cardinales. Las grecas clásicas escalonadas se conviertan en espirales dobles en el tejido moderno.

CLASSIC AND MODERN

The *huipil* worn by Lady Xoc of Yaxchilán in A.D. 709 is the direct ancestor of the ceremonial *huipils* of Highland Chiapas. The central design of repeated diamonds on both ancient and modern *huipils* mark the four directions. The Classic step frets become double curls in the modern weave.

The following place names appear on the map:

Tiamnal · SANTA MARTHA · Chojolhó · Tabe
MAGDALENAS ADALMA · Chintic · La L
Talonguitz · B. Domínguez · CHENALHÓ
Latzbilton · SAN ANDRÉS · Chalam
Callejón · Chichuntactic
Corralito · Jomalhó · Macuiljo · Los Pozos
Botameste · Mitontic · Jolbon
Cruz Quemada · Chievilténal
Bautista Grande · **32 kms.**
Yalvante · Nichén · Laguna Petey
Narváez · CHAMULA · Las Ollas
ZINACANTÁN · La Hormiga · Pinal
Tierra Blanca · Potosí · San Nicolás · Las Piedritas
Navenchauc
Pasté · Elambó · SAN CRISTÓBAL DE LAS CASAS

MAGDALENAS ALDAMA

❖ Fiesta de Santa María Magdalena, del 22 al 24 de julio
❖ Fiesta del 4to Viernes de Cuaresma

❖ Feast of St. Mary Magdalene, July 22nd to 24th
❖ Feast of 4th Friday of Lent

Al dorso: Vestidos de formales túnicas de lana y camisas con mangas coloradas, las martomas se turnan para cargar el cofre que contiene la estatua de San Andrés.

Contrario: Santa María Magdalena arropada con capas de huipiles y ofrendas tejidas.

Overleaf: Dressed in formal wool tunics and red sleeved shirts, the *martomas* take turns carrying the coffer containing the statue of San Andrés.

Opposite: St. Mary Magdalene draped in layers of *huipils* and woven offerings.

Entre los mayas modernos, los textiles son la expresión más dinámica del arte visual, y la comunidad de Magdalenas produce algunos de los ejemplos más hermosos. Los mejores se les ofrecen a Santa María Magdalena, Santa Marta y a la Virgen María, cuyas representaciones están cubiertas con huipiles suntuosamente brocados que se superponen en capas, y que son tejidos por las fieles del lugar. Cuenta la leyenda que al principio del mundo, María Magdalena les enseñó a las mujeres cómo tejer estas elaboradas telas brocadas.

Efectivamente, los diseños principales que se pueden apreciar en los huipiles de los santos contemporáneos, se pueden rastrear hasta el periodo Maya Clásico (A.D. 200-900). Sin embargo, se mantiene un espacio para la expresión personal; las mangas y las orillas inferiores del huipil, muestran las innovaciones personales de cada tejedora (incluso las variaciones de los diseños que les fueron enseñados por las mujeres de San Andrés). Con los huipiles de las santas, la comunidad devota rinde homenaje a la tradición antigua, así como da testimonio de la creatividad de las tejedoras. Éstos son los repositorios de diseños sagrados que datan al mundo maya temprano–un pasado más allá de la memoria, y desconocido por la mayoría de las tejedoras–los huipiles de las santas verdaderamente son trabajos visionarios, inspirados por sueños y otras revelaciones espirituales.

◆

Textiles are the most dynamic visual art among the modern Maya, and the community of Magdalenas produces some of the most beautiful examples. The finest are offered to the saints, Mary Magdalene, Saint Martha, and the Virgin Mary, whose statues are draped in layers of richly brocaded *huipils* woven for them by the faithful. Legend has it that Mary Magdalene taught women how to weave these elaborate brocaded fabrics at the beginning of the world. Indeed, the principal designs seen on modern saints' *huipils* can be traced back to the Maya Classic period (A.D. 200-900).

Yet there is still room for self expression; the sleeves and lower edges of the *huipil* display each weaver's personal innovations (including variations on designs learned from the women of San Andrés). The saints' *huipils* are a tribute to the community's devotion to ancient tradition, as well as a testament to the weaver's creativity. As repositories of sacred designs that date back to the early Maya world—a past beyond memory and unknown to most weavers—the saints' *huipils* are truly visionary works inspired by dreams and spiritual revelation.

Arriba: En este huipil el diseño de los sapos es la firma de la tejedora. Dentro de cada comunidad las mujeres pueden identificar a la tejedora de cada prenda por su estilo individual, pero un rápido vistazo al dibujo de la firma verifica su identidad. La mayoría de las tejedoras prefieren permanecer anónimas fuera de su comunidad; por lo tanto, atendiendo a sus deseos, estas artistas se identifican no por su nombre, sino por sus diseños.

Above: In this *huipil*, the toad design is the weaver's personal signature. Within each community, women can name the weaver of each textile by her individual style, but a quick glance at her signature design confirms her identity. Most weavers prefer to remain anonymous outside of their communities; in deference to their wishes, these artists are not identified by their names but by their designs.

El traje cotidiano permite que las mujeres sobrepasen los límites de la tradición. Los huipiles de diario, creados de manta comercial, han sido usados por más de una generación, lo cual, en una cultura de miles de años, es un periodo de tiempo relativamente corto. En Magdalenas, las tejedoras dicen recordar a sus abuelas vestirse con este tipo de blusa, y este tipo de recuerdos son los que les ayudan a medir el tiempo y la tradición. Los mayas no son los únicos que usan esta medida. Por todo el mundo, la gente tiende a definir la tradición de acuerdo a las actividades de sus abuelos. Santificado por el tiempo, el huipil de diario se considera como parte de una tradición clásica y venerable, que vale la pena preservar. Como resultado, las *martomas* copiando religiosamente los patrones de sus abuelas, hacen bordados únicamente alrededor del cuello y de las mangas. Quizá sea posible encontrar un poco más de bordado, unas discretas flores en un estilo más antiguo, pero nada tan llamativo como las radiantes flores y estrellas que adornan las blusas de las jóvenes mujeres que se pasean por la plaza, mientras que los santos son acompañados por sus *martomas*.

Everyday dress gives women the chance to stretch the bounds of custom. Daily *huipils*, made of store-bought white cotton (*manta*), have been worn for more than a generation, which, in a millennial culture, is a relatively short period of time. Weavers in Magdalenas say they remember their grandmothers in such a blouse, and these are the memories that serve as the measure of time and tradition. The Maya are not unique in this: throughout the world, people tend to define tradition in terms of what their grandparents did. Sanctified by time, the daily *huipil* is regarded as part of an ageless, venerable tradition worth preserving. As a result, the *martomas* who care for the saints faithfully copy their grandmothers and only embroider around the neck and sleeves. Well, perhaps a little embroidery, some discreet flowers in an older style, but nothing so flamboyant as the bright flowers and stars that adorn the blouses of young women who stroll through the plaza while the *martomas* accompany the saints.

Contrario: Las niñas y mujeres de Magdalenas se visten con dos estilos de blusa para lo cotidiano, uno de bordado sobre manta blanca, el otro tejido y brocado en un telar de cintura.

Opposite: Magdalenas girls and women wear two styles of everyday blouses, one embroidered on white muslin, the other woven and brocaded on a backstrap loom.

El huipil de diario a franjas rojas, de tela tejida a mano, tiene una ascendencia más larga, ya que está basado en un huipil ligeramente brocado que era usado ceremonialmente en la década de los treinta. Este estilo, sin embargo, fue poco común hasta la década de los noventa, cuando las mujeres empezaron a tejer tela a franjas rojas que bordaban ligeramente alrededor del cuello y de las mangas, como la blusa de manta. Con las innovaciones de la moda que surgieron en el año 2000 en los Altos de Chiapas, se incluyó una tira de brocado que recorría la espalda, el pecho y los hombros; un adorno que recordaba al de prendas ceremoniales pasadas. Más tarde, la tira que rodeaba los hombros, fue reemplazada por un rectángulo brocado alrededor del cuello y un retoque en las mangas, imitando al huipil de diario del pueblo de San Andrés. Con el brocado, las tejedoras pueden crear una versión más pequeña y sencilla del huipil ceremonial, que lleva símbolos sagrados como el *muk ta luch*, o el "deseño del universo", sin tener que pasar seis meses, y una suma importante de dinero, para duplicar al original. Ahora todas las mujeres de Magdalenas, incluyendo a las *martomas*, usan los diseños antiguos.

The daily *huipil* made of handwoven red-striped cloth has a longer pedigree, based as it is on a lightly brocaded *huipil* worn ceremonially in the 1930's. However, this style was uncommon until the 1990's when women began weaving a red-striped cloth that was sparsely embroidered around the neck and sleeves, like the *manta* blouse. With the fashion innovations that sprang up in Highland Chiapas in 2000, a strip of brocade was added across the back, breast, and shoulders, an embellishment that resembled the old ceremonial garment. Later the strip across the shoulders was replaced with a brocaded rectangle around the neck and a patch on the sleeves, in imitation of the San Andrés daily *huipil*. By adding brocade, weavers can create a smaller, simpler version of the ceremonial *huipil*, containing such sacred symbols as the *Muk ta Luch,* or "Universe" design without having to spend six months, and a great deal of money, replicating the original. Now all Magdalenas women, including the *martomas*, are wearing the ancient designs.

Arriba: Trabajando dentro de una tradición conservadora, las tejedoras sorprenden con sus inovaciones. La muchacha a la izquierda porta el antiguo diseño del "universo" alrededor del cuello y una variación única de ella en sus hombros. La mujer a la derecha inventó las flores de brocado que se asemejan al bordado. (abajo a la derecha).

Above: Working within a conservative tradition, weavers are surprisingly innovative. The girl at left wears the ancient Universe design around her neck and a unique variation of it on her shoulders. The woman at right invented brocaded flowers intended to resemble embroidery (bottom right).

A la vez, muchas mujeres están haciendo innovaciones notables en técnica y en diseño. Por ejemplo, las tejedoras les están incorporando patrones brocados al huipil de manta, ya sea cosiéndole un retoque tejido con diseños, o imitando al brocado con punto de pespunte.

Otras mujeres están haciendo experimentos con diseños brocados que aprendieron de las integrantes de *Sna Jolobil*. Las tejedoras que pertenecen a esta amplia cooperativa, están comprometidas con la preservación y el restablecimiento de los diseños antiguos. Después de largos meses de estudio, les enseñaron a las mujeres de Magdalenas cómo tejer los brocados desaparecidos de El Bosque y de Bochil. Las mujeres que están usando estos diseños recientemente descubiertos, son ejemplo del increíble intercambio de ideas que está ocurriendo en las comunidades de los Altos.

At the same time, many women are making notable innovations in technique and design. For example, weavers are adding brocaded patterns to the cotton *huipil* by either sewing a woven patch of designs onto the cloth or applying a running stitch that imitates brocade.

Others are experimenting with brocaded designs they learned from members of Sna Jolobil. The weavers who belong to this large cooperative are committed to preserving and reviving antique designs. After months of study, they taught Magdalenas women how to weave the extinct brocades from El Bosque and Bochil. The women who are wearing these newly discovered designs exemplify the incredible exchange of ideas now taking place among Highland communities.

Algunas mujeres audaces están aplicando el brocado azul tejido. Aunque popular en San Andrés y en Santa Marta, el color no es bien visto por las mujeres de Magdalenas que no recuerdan haber visto nunca a sus abuelas en azul. (Sus tatarabuelas probablemente sí lo usaban, pero esa es otra historia.) La controversia que rodea al tema de los colores, es sintomático de las preguntas más importantes relativas a la tradición y al cambio social.

◆

A few daring women are applying brocade woven in blue. Though popular in San Andrés and Santa Marta, the color is frowned upon by Magdalenas women who cannot remember their grandmothers ever wearing blue. (Their great-great-grandmothers probably did wear blue, but that is another story.) The controversy over color is symptomatic of the larger questions related to tradition and social change.

En un cuento de Chenalhó, un sapo llamado Antonia espera en la puerta y cuida la casa del Señor de la Tierra. En una versión chol del mismo mito el sapo es la esposa del Señor de la Tierra. Y en el mito zinacanteco el sapo es el músico del Señor de la Tierra que canta en las bocas de las cuevas. De acuerdo con Anselmo Pérez, un chamán zinacanteco, el sapo es el chamán del Señor de la Tierra. Ese batracio, llamado jenjen en tzotzil y Bufus marinus por los biólogos, secreta, de las glándulas de su piel, como medio de defensa, una veintena de sustancias muchas de ellas mortales; una es un anestésico cincuenta veces más fuerte que la cocaína; otra, un poderoso alucinógeno. Alguien que bese a este sapo, y sobreviva, fácilmente podría ver a un príncipe.

Recreación de diseño clásico de Yaxchilán por Pedro Meza M.   Classic Maya design from Yaxchilán, recreated by Pedro Meza M.

In a tale from Chenalhó, a toad called Antonia waits at the door and guards the Earth Lord's house. In a Chol version of this same myth, the toad is the Earth Lord's wife. And in a Zinacantec myth, the toad is the Earth Lord's musician who sings at the entrance of caves. And according to Anselmo Perez, a Zinacantec shaman, the toad is the Earth Lord's shaman. This toad, called *henhen* in Tzotzil and *Bufus marinus* by biologists, secretes, as a defense mechanism, a score of chemicals from glands on its skin. Many of them are deadly poisons; one is an anesthetic fifty times stronger than cocaine, another is a powerful hallucinogen. Anyone who kisses this toad, and survives, may actually see a prince.

Arriba: En este huipil el deseno sapos es la firma de la tefedora. Las mujeres de azul copiaron los colores y el diseño del bordado de Santa Marta, luego agregaron los diseños del brocado tradicional además de patrones originales de bordado.

Above: In this *huipil*, the row of toad motifs below the main design is the weaver's personal signature. The women in blue copied the colors and layout of Santa Marta embroidery, then added traditional brocaded designs as well as original embroidery patterns.

Tres Puentes
Tiamhal
● SANTA MARTA
■ MAGDALENAS
Chojolhó
Chintic
Talonguitz
B. Domínguez
■ CHENALHÓ
La L
Latzbiltón
■ SAN ANDRÉS
Chichuntactic
Chalam
Callejón
Corralito
Jomalhó
Macuiljo
Mitontic
Los Pozos
Botameste
Cruz Quemada
Chievilte al
Jolbon
37 kms.
Bautista Grande
Nichén
Yalvante
Narváez
■ CHAMULA
Laguna Petey
Tierra Blanca
ZINACANTÁN
La Hormiga
Pinal
Las Ollas
San Nicolás
Potosí
■ SAN CRISTÓBAL DE LAS CASAS
Las Piedritas
Navenchauc
Pasté
Elambo

SANTA MARTA

❖ Fiesta de Santa Marta, del 27 al 29 de julio

❖ Feast of St. Martha, July 24th to 26th

Contrario: El pino se considera como una flor, la Flor de Dios, y las ramas de los pinos se usan para decorar las cruces y los espacios sagrados.

Opposite: Pine is considered a flower, the Flower of God, and pine boughs are used to decorate crosses and holy spaces.

Justo al otro lado del valle, el azul domina en los trajes de Santa Marta–huipiles de manta bordados en azul, fajas azules con grandes borlas azules, faldas bordadas en azul y chales en franjas azules. Hace veinte años, la indumentaria era totalmente roja. Por supuesto que las *martomas* más conservadoras todavía bordan sus blusas blancas con puntos triples de hilo escarlata que se repiten horizontalmente de hombro a hombro, y luego verticalmente a lo largo de la espalda. El estilo moderno expandido, bordado en azul, se caracteriza por una pechera rectangular repleta de diseños a rombos. Se colocan de dos, a cuatro, a seis rombos que flotan también sobre el pecho, o descansan sobre una delgada línea bordada. Algunas mujeres agregan múltiples líneas verticales, una moda que está cobrando fuerza en San Andrés.

Right across the valley, blue dominates Santa Marta dress—blue embroidered *huipils*, blue belts with giant blue tassels, blue embroidered skirts, and blue striped shawls. Twenty years ago, the costume was completely red. Of course, the more conservative *martomas* still embroider their white cotton blouses with triple points of scarlet thread repeated across the shoulder and down the center. The expanded modern style, embroidered in blue, features a rectangular yoke filled with diamond designs. Two, four, or six diamonds also float above the breast or rest on a thin line of embroidery. A few women add multiple vertical lines, a fashion that is now catching on in San Andrés.

El rombo de Santa Marta es una variación del diseño *yok tz'i'*, o "pata de perro", inventada en Tenejapa alrededor del año 1930. El diseño "pata de perro" evolucionó de un diseño Maya Clásico, un patrón a rombos representado en los huipiles ceremoniales de antigua ciudad estado de Yaxchilán. Después de incontables generaciones, las mujeres de Tenejapa extirparon del diseño un símbolo que se encontraba en el centro de un marco, y lo que alguna vez había representado el majestuoso movimiento del sol, se identificó como las modestas huellas de un enmarañado perro de orejas juguetonas. Casi un siglo después, a través de sus vecinas de Chenalhó, las mujeres de Santa Marta tomaron prestado el diseño y lo convirtieron en una figura puramente geométrica con un sinfín de variaciones. Es un diseño importante, al cual regresaremos.

◆

The Santa Marta diamond is a variation of the *Yok Tz'i'*, or "Dog's Paw" design, invented in Tenejapa around 1930. The "Dog's Paw" design evolved from the Classic Maya diamond-shaped pattern depicted on ceremonial *huipils* at the ancient city-state of Yaxchilán. After countless generations, the women of Tenejapa pulled the center of the symbol out of its frame, and what once represented the lofty movement of the sun was identified as the lowly paw prints of a rambling, floppy-eared dog. Nearly a century later, the women of Santa Marta borrowed this design, via neighboring Chenalhó, and turned it into a pure geometric form with endless variations. It is an important design and we will return to it.

Arriba: En el siglo XIX predominaba el azul porque el índigo era un cultivo local y pagable. Cuando aparecieron los tintes baratos de anilina en Chiapas en el siglo XX, se expandió el uso del rojo. Aunque ahora estén disponibles todo los colores, las tejedoras tradicionales mayas favorecen el color que usaban sus bisabuelas—el azul.

Above: In the 19th century, blue predominated because indigo was locally grown and affordable. When inexpensive aniline dyes appeared in Chiapas in the 20th century, red became widespread. Though every color is now available, traditional Maya weavers favor the color of their great-grandmothers—blue.

Yok Tz'i'   Pepen   Muk Ta Luch

En el diseño del "universo", el camino del sol a través del cielo se muestra con una delgada línea amarilla que conecta los pequeños rombos del oriente y poniente a un rombo central más grande. Este rombo interior tiene rizos a cada lado que representan alas; llamadas *pepen*, "mariposa", son es el simbolo del sol entre las tejadores. La mariposa es una metáfora para el sol porque como el sol, habita el inframundo cuando el día se torna en noche. Las mariposas y los murciélagos de fruta viven en las cuevas–los portales del inframundo–y se nutren de las mismas flores. En la menguante luz del atardecer se puede ver a una mariposa revolotearse entre los arbustos a la orilla de la milpa, y luego vislumbrar de repente a un murciélago que toma vuelo desde el mismo punto.

In the "Universe" design, the path of the sun across the sky is shown by a thin yellow line connecting the small diamonds of the east and west to a larger central diamond. This inner diamond has curls on each side that represent wings; called *pepen*, "butterfly," it is the weavers' symbol for the day sun. The butterfly is a metaphor for the sun because, like the sun, it inhabits the Underworld when day turns to night Butterflies as well as fruit bats dwell in caves— portals to the Underworld—and they feed on the same flowers. In the waning light of dusk you may see a butterfly fluttering among the bushes at the edge of the cornfields, and then suddenly see a bat flying away from the same spot.

SANTIAGO
EL PINAR

❖ Fiesta de Santiago Apóstol, del 23 al 25 de julio

❖ Feast of St. James, July 23rd to 25th

Contrario: Líderes religiosos de Magdalenas caminando en procesión hacia Santa Marta.

Opposite: Religious leaders of Magdalenas walking in procession to Santa Marta.

En los días de fiesta y en los mercados dominicales, la gente de Santiago se reúne con los aldeanos de Magdalenas y Santa Marta, pero el espíritu creativo de sus vecinos no ha tenido influencia visible. Por más de un siglo, la indumentaria tradicional de Santiago no ha cambiado.

Las fajas de hombre, con franjas anchas en rojo, azul y blanco, se parecen a las fajas utilizadas en San Andrés alrededor del año 1890. A través del tiempo, las franjas de San Andrés han adelgazado y se han hecho más complejas. Esto no sucedió en Santiago.

El huipil de diario de las mujeres es el modelo de la simplicidad: dos piezas de tela blanca, unidas y ribeteadas en punto de ojal con azul y rojo. El chal marrón a franjas, tejido con el único algodón de los Altos teñido con tintes naturales, es pura elegancia discreta.

Santiago es un ejemplo extraordinario de lo que esperamos, y a veces exigimos, de las poblaciones tradicionales–para nada cambian. Desde luego que esta postura es noble, pero también peculiarmente misteriosa. De las cuatro comunidades, Santiago es la que tiene el porcentaje más bajo de mujeres que utilizan todavía el traje tradicional. ¿Sus tejedoras están abandonando la elaboración de éste? En desafío a otra moda pasajera, en el Festival de Santiago del año 2009, las ropas tradicionales fueron usadas por un mayor número de hombres que de mujeres.

◆

On feast days and at Sunday markets, the people of Santiago meet villagers from Magdalenas and Santa Marta, but the creative spirit of their neighbors has had no visible influence. The traditional costume of Santiago has not changed in over a century.

The men's belts, with their wide red, blue, and white stripes, are reminiscent of San Andrés belts worn in the 1890's. Over time, San Andrés stripes have become narrower and more complex. Not in Santiago.

The women's daily *huipil* is the standard of simplicity: two panels of white cloth joined and edged with a blue and red buttonhole stitch. The brown striped shawl, woven with the only natural dyed cotton still used in the Highlands, is pure, understated elegance.

Santiago is an outstanding example of what we expect, and sometimes demand, of traditional peoples—they don't change at all. Certainly there is nobility in this stance, but also a peculiar mystery. Of the four communities, Santiago has the lowest percentage of women wearing traditional dress. Are weavers abandoning their costume altogether? In defiance of another trend, more men than women wore traditional clothes during the Festival of Santiago in 2009.

SAN ANDRÉS LARRÁINZAR

Día del Mercado — Domingo
- ❖ Fiesta de San Andrés, del 28 al 30 de noviembre
- ❖ Fiesta de la Virgen de Guadalupe, 12 de diciembre
- ❖ Fiesta del 5to viernes de Cuaresma

Market Day — Sunday
- ❖ Feast of St. James, November 28th to 30th
- ❖ Feast of the Virgin of Guadalupe, December 12th
- ❖ Feast of 5th Friday of Lent

Contrario: Guardianes de los alimentos y del posh (aguardiente de caña) para la fiesta.

Opposite: Guardians of the food and posh (sugar cane liquor) for the fiesta.

En contraste, la atmósfera de San Andrés ha promovido la experimentación, aun más en antaño que en el clima de hoy inspirado por la moda. Durante la década de los setenta, había por lo menos tres tipos característicos de huipiles ceremoniales, y nueve tipos de huipiles de diario. Actualmente, los pocos huipiles ceremoniales que existen, coinciden en un estilo complicado, que ha sido preservado de la generación anterior. Los huipiles de diario se categorizan en tres estilos, y todos tienen la misma distribución: un rectángulo pequeño en las mangas, y uno más grande alrededor del cuello, con una abertura hilvanada al frente para ampliar el hoyo cuadrado del cuello. El estilo más antiguo consiste en un patrón brocado a rombos pequeños con puntos de color al centro, formando filas diagonales en amarillo, turquesa y rosa. Las blusas con un retoque de brocado alterable, o con un retoque alterable en punto de cruz (los patrones de ambos son iguales), son cada vez más populares. Para quien no es experto, lo que distingue a estos tres huipiles es el color, y por ende, éste es indicador de distintos periodos de tiempo. El rojo, que prevalecía en la década de los setenta, fue reemplazado por el color granate en los años noventa; seguido por el azul marino, el celeste y el marrón. En el mercado de San Andrés, todos estos tonos pueden ser vistos al mismo tiempo. Hace una generación, las mujeres utilizaban el mismo tono de rojo, y sin embargo, demostraron más audacia al cambiar la distribución de sus huipiles de diario.

In contrast, the atmosphere of San Andrés has encouraged experimentation, even more so in yesteryears than in today's inspired fashion climate. During the 1970's, there were at least three distinct types of ceremonial *huipils* and nine types of daily *huipils*. Today, the few ceremonial *huipils* that exist conform to one elaborate type preserved from the previous generation. The daily *huipils* have settled into three styles, all with the same layout: a small rectangle at the sleeves and a larger one around the neck, with a basted slit in the front to enlarge the square neck hole. The oldest style consists of a brocaded pattern of small diamonds with central dots of color forming diagonal rows of yellow, turquoise, and pink. Growing in popularity are blouses with either a removable patch of brocade or a removable patch of cross-stitch embroidery; the patterns are the same. To the untrained eye, what distinguishes these three *huipils* is the color, and the color, in turn, is indicative of different time periods. Red, which prevailed in the 1970's, was replaced with maroon in the 1990's. Then followed navy blue, clear blue, and brown. All of these hues may be seen at once in the San Andrés market. A generation ago, women wore the same tone of red, and yet they were more audacious in changing the layout of their daily *huipils*.

Los cambios más atrevidos han ocurrido en el bordado. Alguna vez las tejedoras de San Andrés les enseñaron a las mujeres de Magdalenas varios diseños brocados esenciales. Recientemente, han recogido vitales recomendaciones de moda de sus vecinas de Magdalenas y Santa Marta. Trazando un camino poco directo, los nuevos diseños y las nuevas técnicas llegaron de la comunidad de El Bosque, ubicado en el valle siguiente.

◆

The boldest changes have occurred in embroidery. Once upon a time, the weavers of San Andrés taught the women of Magdalenas several essential brocaded designs. Recently they have picked up some vital fashion tips from their neighbors in Magdalenas and Santa Marta. By a roundabout route, the new designs and techniques came from the community of El Bosque, over in the next valley.

Arriba: El bordado en punto de cruz en azul era popular en San Andrés hasta el 2010, cuando las mujeres cambiaron al brocado marrón. Los diseños principales se tejen dentro de la tela mientras en el cuello y las tiras para las mangas el brocado se hace por separado, y luego se cosen sobre la tela blanca. Estos parches de brocado se pueden quitar y coser sobre una nueva tela.

Above: Cross-stitch embroidery in blue was popular in San Andrés until 2010, when women switched to maroon brocade. The main designs are woven into the cloth while the yoke and strips for the sleeves are brocaded separately, then stitched onto the white fabric. These brocaded patches can be removed and sown onto a new cloth.

Arriba: Las *martomas* marchan en procesión hasta un pueblo vecino, donde el santo pasará la noche en la iglesia. Como también las mujeres dormirán ahí, traen sus cobijas de lana tejidas a mano.

Above: *Martomas* march in procession to a neighboring town, where the saint will spend the night in the church. Since the women will also sleep there, they bring along their handwoven wool blankets.

EL BOSQUE

❖ Fiesta de San Juan Bautista, del 22 al 24 de junio

❖ Feast of St. John the Baptist, June 22nd to 24th

Después de la Guerra de Castas de 1869, los refugiados de Chamula establecieron el pueblo de San Juan El Bosque, que fue donde originó el bordado en punto de cruz que ha florecido durante esta última década en San Andrés. Ya que sus trajes de lana eran inadecuadas para el clima caluroso de El Bosque, poco a poco, las mujeres chamulas adoptaron la falda azul de algodón que se usaba en la región, aunque mantuvieron la distribución del huipil chamula. Las franjas originales de la urdimbre, prácticamente invisibles debajo de la trama de lana, en algodón puro se volvieron prominentes, y crecieron lentamente hasta convertirse en anchas franjas verticales rojas. Para la década de los treinta, las monjas misioneras se habían instalado en esta región, y, según cuenta la leyenda, les enseñaron a las chamulas la manera de embellecer sus prendas con el bordado en punto de cruz. Actualmente, la mayoría de las mujeres de El Bosque hace sus bordados en manta blanca, y algunas de ellas prefieren la tela a franjas rojas, hecha en San Andrés con telar de pie. Las pequeñas fábricas de San Andrés proveen no sólo la tela para hacer faldas, sino que las faldas ya bordadas, además de los chales tejidos según los patrones a franjas tradicionales de El Bosque. A cambio, las mujeres de San Andrés compran el bordado de El Bosque, o lo copian en diseños propios.

Cross-stitch embroidery, which has blossomed in San Andrés during the last decade, originated in San Juan El Bosque, a town settled by refugees from Chamula after the Caste War of 1869. Because Chamulan woolen dress was unsuitable to the warm climate of El Bosque, Chamulan women gradually adopted the blue cotton skirt worn in the region, although they preserved the layout of the Chamulan *huipil*. The original warp stripes, practically invisible under the wool weft, became prominent in pure cotton and slowly grew into wide, vertical, red stripes. By the 1930's, missionary nuns had moved into the region and, as the story goes, taught the Chamulans how to embellish their garments using cross-stitch embroidery. Today, most women of El Bosque embroider on white *manta*. Some prefer the red-striped cloth that is manufactured on foot looms in San Andrés. Small factories in San Andrés also supply skirt cloth, embroidered skirts, and shawls woven in the traditional striped patterns of El Bosque. In return, San Andrés women buy El Bosque embroidery or copy the designs on their own.

Una excepción a esta regla, se encuentra en el paraje de Plátanos, muy cerca de El Bosque, donde se estableció una colonia de San Andrés. Ahí, las mujeres bordan la manta azul, y no la blanca, lo que las distingue tanto de San Andrés como de El Bosque. Esa particularidad podría ser temporal, ya que el uso de la manta de colores repentinamente está cobrando popularidad en todo los Altos.

Aun más sorprendente, es que casi el cincuenta por ciento de las mujeres de San Andrés actualmente usan el bordado de El Bosque. Éste, domina además la mitad superior de los huipiles de Chalchihuitán.

◆

One exception to the rule is the San Andrés colony of Platanos, near El Bosque. There, women apply cross-stitch embroidery to blue rather than white *manta*, which distinguishes them from both San Andrés and El Bosque. That distinction may be short-lived, because the use of colored *manta* is suddenly growing popular throughout the Highlands.

Even more surprising, El Bosque-style embroidery is now worn by almost fifty percent of San Andrés women. It also dominates the upper half of Chalchihuitán *huipils*.

Arriba: Aunque el azul obscuro se ha hecho popular en las regiones remotas de El Bosque, las mujeres en el centro todavía se visten con la versión más antigua, de rojas adornada con flores.

Contrario: Las faldas modernas se tejen en San Andrés en telares de rehilete, después son bordadas en maquina y vendidas a la mujeres en las comunidades aledañas.

Above: Though dark blue has become popular in outlying regions of El Bosque, women in the center still wear the older red version, adorned with flowers.

Opposite: Modern skirts are woven in San Andrés on fly-shuttle looms, then machine-embroidered.and sold to women in neighboring communities.

CHALCHIHUITÁN

❖ Fiesta de San Pablo, del 27 al 29 de junio
❖ Fiesta de la Virgen de Guadalupe, 12 de diciembre

❖ Feast of St. Paul, June 27th to 29th
❖ Feast of the Virgin of Guadalupe, December 12th

Contrario: La fiesta de San Pablo, santo patrón de Chalchihuitán.

Opposite: The Festival of St. Paul, patron saint of Chalchihuitán.

Chalchihuitán, "lugar del jade", fue nombrado por la cantidad abundante de jade y serpentina que ahí se descubrió en tiempos prehispánicos. Supuestamente, existen ruinas mayas en la cima del empinado escarpe a la orilla del pueblo, aunque son pocas las personas que han tenido el valor de escalarlo. Un líder religioso afirma que las hermosas plumas de quetzal que decoran su cayado, son de las alturas de aquella cresta mágica.

–¿Cómo encontraste ese excepcional pájaro? –pregunté.

–Mmmm –sonrió. –¡Delicioso!

Chalchihuitán, the "Place of Jade," is named for the abundant jade and serpentine discovered in the area during pre-Columbian times. Supposedly, Maya ruins sit atop the steep escarpment at the edge of town, though few have had the nerve to scale it. One religious official claims that the beautiful quetzal feathers decorating his staff came from the heights of that magical ridge.

"How did you find the rare bird?" I asked.

"Mmm," he beamed. "Delicious!"

Contrario: Mientras las santas se visten con el traje de brocado tradicional, la mujer del centro ha bordado el diseño del la "pata del perro" casi como un bloque sólido de color.

Opposite: While the saints wear traditional brocaded dress, the woman in the center has embroidered the "Dog's Paw" design as an almost solid block of color.

La comunidad remota de Chalchihuitán está frente al valle de Chenalhó, pero la mayoría de la población vive al otro lado de la cresta, donde se tiene vista hacia El Bosque; ambas perspectivas se distinguen en sus textiles. Las mujeres de Chalchihuitán tejían huipiles brocados en estilos similares a los de Chenalhó y Pantelhó hasta el final de la década de los setenta, cuando los nuevos caminos y el alambrado eléctrico en áreas rurales llegaron para facilitar el bordado en lugar del tejido. Por muchos años, continuaron usando el bordado para copiar diseños antiguos. Pero, en la década de los noventa, unas cuantas mujeres decidieron incorporar alrededor del cuello los patrones en punto de cruz de El Bosque. Para el año 2000, el huipil de Chalchihuitán reflejaba los dos lados de la montaña, la mitad superior en punto de cruz, y la parte inferior, en versiones bordadas de diseños brocados tradicionales.

La distribución del huipil integra el modelo de El Bosque–en cada manga, un pequeño rectángulo con diseños, y alrededor del cuello, una gran zona rectangular también con diseños. Pero la distribución se organiza de manera tradicional chalchihuitanensa; esto es, filas de diseños grandes que flotan en tela blanca, separadas por filas más pequeñas de rombos enmarcados, que atraviesan horizontalmente los hombros, el talle y la bastilla del huipil. A toda cuenta, este es el modelo para este huipil largo. La mayoría de las mujeres elimina las dos filas superiores de rombos, otras, colocan u n pequeño retoque que atraviesa los hombros, y otras todavía, bordan sólo una fila, y no varias, del diseño grande.

◆

The remote community of Chalchihuitán faces the valley of Chenalhó, but most of the population lives on the other side of the ridge looking out on El Bosque. The two perspectives are apparent in their textiles. The women of Chalchihuitán wove brocaded *huipils* similar in style to those of Chenalhó and Pantelhó until the late 1970's when new roads and rural electrification made it easier to embroider than to weave. For years they continued to copy the ancient designs using embroidery. Then, in the 1990's, a few women decided to add El Bosque cross-stitch patterns around the neck. By 2000, the Chalchihuitán *huipil* reflected both sides of the mountain, with the top half of the *huipil* in cross-stitch and the lower half, embroidered versions of traditional brocaded designs.

The layout of the *huipil* incorporates the El Bosque form—a small rectangle of designs at the sleeves and a large rectangular area of designs around the neck. But the layout is organized in the traditional Chalchihuitán manner; that is, rows of large designs floating on white cloth, separated by smaller rows of framed diamonds that run across the shoulders, middle, and hem of the *huipil*. That, at any rate, is the standard for this long *huipil*. Most women drop the upper two rows of diamonds, others place a small patch across the shoulders, and still others embroider just one row of the large design.

Arriba: La tradición y la inovación existen lado a lado. La mujer arriba a la izquierda viste dos filas del diseño "pata del perro", la de abajo a la derecha viste el diseño nuevo de la canasta de flores hecho en punta de cruz; la muchacha de la derecha arriba utiliza la punta de espinapez.

Above: Tradition and innovation exist side by side. The woman at upper left wears two rows of the "Dog's Paw" design, the woman on the lower right wears the new floral basket design done in cross stitch; and the girl on the upper right uses a herringbone stitch.

La mayoría de los huipiles se confeccionan en rojo, aunque unos cuantos se bordan con una exuberante gama multicolor. Algunas mujeres, mientras que siguen la moda de El Bosque, usan sus propios colores, escogiendo, por lo tanto, el azul oscuro y el marrón.

Aunque todas las mujeres han adoptado la nueva distribución, no todas utilizan los diseños en punto de cruz de El Bosque. Algunas han rellenado la pechera y las mangas con filas concéntricas en tonos rojos, otras han copiado cuidadosamente los diseños de Chenalhó, y una mujer ha bordado su huipil en pequeños cuadrados de radiantes colores.

En la parte inferior del huipil, las tejedoras emplean variaciones del mismo diseño. Hace una generación, las mujeres de Chalchihuitán brocaban docenas de motivos antiguos, pero cuando cambiaron al bordado, sólo sobrevivió un motivo: *yok tz'i'*, o "pata de perro", el diseño que en Santa Marta, Chenalhó y Pantelhó, rápidamente se hace clásico. Este diseño ha soportado tantos cambios, que a estas alturas debería tener un nombre más digno, pero lugar donde éste aparece, lugar que perdura.

◆

Most *huipils* are done in red, although a few are embroidered with an exuberant tutti frutti palette. Some women follow El Bosque fashions in their colors, thus choosing dark blue and brown.

Although all the women have adopted the new layout, not everyone uses El Bosque cross-stitch designs. A few have filled the yoke and sleeves with concentric rows of red hues, others have carefully copied Chenalhó designs, and one woman has embroidered her *huipil* in small squares of bright colors.

For the lower half of the *huipil*, weavers employ variations of the same design. A generation ago, Chalchihuitán women brocaded dozens of ancient motifs, but when they shifted to embroidery, only one motif survived: *Yok Tz'i'*, or "Dog's Paw," the design that is rapidly becoming a classic in Santa Marta, Chenalhó, and Pantelhó. This design, which has gone through so many permutations, should have a more dignified name by now, but wherever it appears, the name has stuck.

Arriba: Unas mujeres bromeando delante de la iglesia durante la fiesta de San Pablo.

Above: Women joking in front of the church during the Festival of St. Paul.

PANTELHÓ

❖ Fiesta de Santa Catarina, del 22 al 25 de noviembre

❖ Fiesta de Jesús de la Buena Esperanza, del 2 al 6
  de agosto

❖ Feast of St. Katherine, November 22nd to 25th

❖ Feast of Jesus of Good Faith, August 2nd to 6th

Contrario: El diseño personal de esta
tejedora es enmarcado por sus trenzas, una
variación que creó para servir de su firma.

Opposite: Framed by her braids is this
weaver's personal design, a variation she
created to serve as her signature.

En Pantelhó, el diseño se llama *yok tz'i'*, desde luego, pero aquí las mujeres no están aperreadas en un sólo motivo. Guardan también muchos de sus diseños antiguos, incluyendo "pata de jaguar", "santo", "sapo" y "estrella".

Los diseños de Pantelhó podrían haber desaparecido de no haber sido por la presencia de *Sna Jolobil* en la comunidad. En todo los Altos, *Sna Jolobil* ha apoyado a las familias de las maestras tejedoras, comercializando sus tradicionales textiles finos a precios más altos. Con los recursos suficientes, una maestra tejedora puede pasar meses tejiendo extraordinarias piezas para la venta en concursos de arte folclórico estatales y nacionales. Estos concursos ayudan a preservar la cultura y mejoran sustancialmente los ingresos de la tejedora. Hoy en día, la misma mujer podría darse la vuelta y producir un huipil espectacular para ponérselo en los festivales, tejiendo los antiguos diseños en radiantes colores de moda que no son los tradicionales. Este huipil nuevo nunca ganaría un concurso, pero realmente les causa muy buena impresión a las mujeres de la comunidad. En Pantelhó, donde las mujeres, desde hace una década, dejaron de utilizar los huipiles brocados, la tradición se ha formalizado para los trajes de gala. Las maestras tejedoras, junto con los líderes religiosos, utilizan esta ropa especial en días festivos.

◆

In Pantelhó, the design is called *Yok Tz'i'*, of course, but here the women are not dogged by a single motif. They also preserve many other ancient designs, including "Jaguar's Paw," "Saint," "Toad," and "Star."

Pantelhó designs may have disappeared if it had not been for Sna Jolobil's presence in the community. Throughout the Highlands, Sna Jolobil has supported families of master weavers by marketing their fine traditional textiles at a high price. With sufficient financial resources, a master weaver is able to spend months weaving extraordinary pieces for sale at state and national folk art contests. These competitions help preserve the culture and substantially improve the weaver's income. Nowadays, the same woman may turn around and produce a spectacular *huipil* to wear at festivals, weaving the old designs in fashionably bright, non-traditional colors. This new *huipil* would never win a contest but certainly impresses the women of the community. In Pantelhó, where women stopped wearing brocaded *huipils* a decade ago, the tradition has been formalized in gala wear. Master weavers as well as religious officials wear these special clothes on feast days.

Arriba: Estrellas y filas de sapos decoran el huipil blanco del líder del grupo de las mejores tejedoras de Pantelhó. El grupo, aquí retratado con su santa, está asociado a Sna Jolobil, la "Casa de Tejido".

Above: Stars and rows of toads decorate the white *huipil* of the leader of a group of the finest weavers in Pantelhó. The group, here pictured with their saint, is associated with Sna Jolobil, the "House of Weaving."

El huipil de diario de Pantelhó, es un rectángulo sencillo de satín con un hoyo circular para el cuello, hilvanado en hilo azul y rojo, con una tira de trenzado plano en las mangas. Actualmente, la trenza, que es ahora parte del traje tradicional, proviene de un producto comercial.

La pulsera trenzada, el omnipresente souvenir vendido en Chamula y en San Cristóbal, apareció por primera vez en 1982, en el mercado artesanal frente a Santo Domingo, cuando un viajero italiano se sentó en el mercado y se puso a hacer y a vender pequeñas pulseras multicolores. Por lo visto, los artesanos chamulas estaban fascinados, pues en pocos días también estaban haciendo las pulseras. Con el paso de una generación, se hicieron y vendieron un millón de pulseras, y la técnica se fue difundiendo por todo los Altos. Durante unos cuantos años (del 2003 al 2007), las tejedoras de Zinacantán usaban las pulseritas para hacer cordón con borla, pero luego desarrollaron técnicas de trenzado más complejas y hermosas. Las chamulas, a su vez, las transformaron en ligas de pelo. Sólo Pantelhó, una de las comunidades tzotziles más distante, adoptó la pulsera original para sus trajes. Pero donde las pulseras de oferta al turismo son de todos colores, sólo se usa la trenza roja para decorar los huipiles de diario en Pantelhó. Ahora que se ha hecho tradicional, el estilo probablemente se desviará aún más del producto comercial.

The daily *huipil* of Pantelhó is a rectangle of plain white satin with a circular neck hole basted with blue and red thread and a strip of flat braid at the sleeves. The braid, now a part of traditional dress, actually derives from a commercial product.

The braided *pulsera* ("wrist bracelet"), a ubiquitous souvenir sold in Chamula and San Cristóbal, first appeared in the artisan market in front of Santo Domingo in 1982 when an Italian traveler sat down in the market and proceeded to make and sell little multi-colored bracelets. The Chamulan artisans apparently found it fascinating, because within a few days they were also making *pulseras*. A generation later, a million *pulseras* were made and sold and the technique diffused throughout the Highlands. For a few years (2003-2007), weavers in Zinacantán used them as tassel cord but then developed more complex and beautiful braiding techniques. Around the same time, Chamulans transformed them into hair ties. Only Pantelhó, one of the most distant Tzotzil communities, incorporated the original *pulsera* into their dress. But whereas the bracelets sold to tourists come in all colors, only red braid is used to decorate the daily *huipils* of Pantelhó. Now that it has become traditional, the style will probably diverge even further from the commercial product.

Contrario: El huipil del diario de Pantelho está hecho de satín blanco con una pulsera trenzada en las mangas. El huipil de gala es brocado y tejido con rayas rojas.

Opposite: The daily *huipil* of Pantelho is made of white satin with a braided *pulsera* at the sleeves. The gala *huipil* is brocaded and woven with red stripes.

CHENALHÓ and MITONTIC

El día de mercado—Sábado
- ❖ Fiesta de San Pedro Apóstol, del 27 al 29 de junio
- ❖ Fiesta de Carnaval

Market Day—Saturday
- ❖ Feast of St. Peter, June 27th to 29th
- ❖ Carnival (moveable feast)

Contrario: Los huipiles de Chenalhó y Mitontic eran de rayas rojas hasta que los hilos de colores se hicieron disponibles en los 1980's. Desde entonces, sus huipiles se han hecho más atrevidos.

Opposite: Chenalhó and Mitontic *huipils* were striped in red until colored threads became available in the 1980's. Since then, their *huipils* have grown bolder.

Chenalhó presenta una tradición textil igualmente rica. En su momento, las tejedoras creaban los huipiles ceremoniales más finos al estilo de San Andrés y Magdalenas, pero con una fila adicional de figuras zoomorfas brocadas en la bastilla. En los festivales todavía aparecen antiguos ejemplos de estos huipiles brocados, pero se ven con mayor prominencia durante el Carnaval en el travestismo ritual que acompaña a la Pasión. Este huipil ceremonial sólo lo saben tejer unas cuantas mujeres.

Durante un siglo, Chenalhó ha estado al centro de la innovación. Sus vecinos en Mitontic, por ejemplo, alguna vez utilizaron un traje ligeramente distinto, pero han sido abrumados completamente por las modas de Chenalhó. Hoy día, la única diferencia entre las dos comunidades es un retoque brocado en las mangas de las camisas de hombre de Mitontic.

El huipil de diario de Chenalhó consiste en una base de tela tejida a franjas, cuidadosa-mente bordada al último hilo, para duplicar los antiguos diseños brocados. A pesar de esta exactitud, el bordado permite más libertad que el brocado. Como una flagrante ilustración de esta nueva libertad, algunas mujeres han adaptado en sus bordados el diseño "árbol que crece" para crear ¡una enredadera de corazones! Aunque encantadora, de ninguna manera es prehispánica, el punto que tal vez estén planteando estas mujeres.

◆

Chenalhó exhibits an equally rich textile tradition. At one time, weavers wove incredibly fine ceremonial *huipils* in the style of San Andrés and Magdalenas but with an added row of brocaded zoomorphic figures along the hem. Old examples of these brocaded *huipils* still appear in festivals, most prominently on the ritual transvestites who accompany the *Pasión* during Carnival. Only a few women know how to weave this ceremonial *huipil*.

Chenalhó has been a center of innovation for a century. Their neighbors in Mitontic, for example, once wore a slightly different dress but have been completely overwhelmed by Chenalhó fashions. Today, the only distinction between the two communities is a patch of brocade woven on the sleeve of Mitontic men's shirts.

Chenalhó's daily *huipil* consists of a woven base of striped cloth that is carefully embroidered, down to the precise thread count, to duplicate the old brocaded designs. Despite this exactness, embroidery encourages more freedom than brocade. As a blatant illustration of newfound liberty, some embroiderers have adapted the "Growing Tree" design into a vine of hearts! Though charming, it is definitely not pre-Columbian, which is perhaps the point the women are making.

Contrario: El trasvesti ritual de Carnaval viste un huipil brocado ceremonial.

Opposite: The ritual transvestite of Carnival wears a brocaded ceremonial *huipil*.

En los años setenta, el huipil de diario era a franjas rojas, en los años ochenta, adquirió colores, en los noventa se hizo multicolor, y alrededor del año 2000 cambió, como en San Andrés, por tonos granates y azules. Aunque todavía se hacen y usan muchas variaciones y estilos más antiguos, el huipil actual tiene una base a franjas rojas o azules, con bordado azul oscuro o negro. El chal, usado como la tilma antigua de los aztecas, está decorado con grandes diseños esparcidos en su superficie, como flores en un campo abierto. La "flor" es una versión local del diseño *yok tz'i'*.

El diseño "pata de perro" es mucho más importante de lo que podría sugerir su nombre. Originó hace un siglo cuando las tejedoras de Chenalhó conocieron a *las soñadoras de Tenejapa*.

◆

The daily *huipil* was striped in red during the1970's, acquired colors in the 1980's, became tutti frutti in the 1990's, and then shifted, like San Andrés, to maroons and blues around 2000. Although many variations and older styles are still made and worn, the current *huipil* has a red- or blue-striped base with dark blue or black embroidery. The shawl, worn like the ancient *tilma* (cape) of the Aztecs, is decorated with large designs spaced across the expanse like flowers in an open field. The "flower" is a local version of the *Yok T'z'i'* design.

The "Dog's Paw" design, clearly more important than its name suggests, originated a century ago when the weavers of Chenalhó met the dreamers of Tenejapa.

Arriba: Esta mujer que avienta los pétalos de flores a la procesión del santo se pone un huipil y rebozo en estilo de los 1990's.

Above: This woman tossing flower petals at the saints' procession is wearing a 1990's style *huipil* and shawl.

Arriba: Para la fiesta de San Pedro, las mujeres ponen sus huipiles más finos. Las rayas multicolores de los 1990's ya no están de moda y ahora la mayoría de las mujeres visten huipiles de rayas rojas o azules con bordado negro sobrepuesto.

Above: For the Festival of St. Peter, women wear their finest *huipils*. The multi-colored stripes of the 1990's blue- or red-striped have gone out of fashion, and now most women wear blue or red striped *huipils* overlaid with black embroidery.

TENEJAPA

El día de mercado—Jueves
❖ Fiesta de San Ildefonso, del 21 al 23 de enero
❖ Fiesta de Santiago Apóstol,del 23 al 25 de julio
❖ Fiesta de Carnaval

Market Day—Thursday
❖ San Ildefonso Feast, January 21st to 23rd
❖ Feast of St. James, July 23rd to 25th
❖ Carnival (moveable feast)

Contrario: Los diseños antiguos resuscitados en el temprano siglo XX aparecen en los huipiles de brocado y en las bolsas de tejido de gancho.

Opposite: The ancient designs revived in the early 20th century appear on brocaded *huipils* as well as crocheted bags.

Una noche en la aisladas aldeas de Tenejapa, un grupo de mujeres tuvo el mismo sueño. Se les apareció Santa Lucía, y les dijo que quería ponerse un huipil brocado. Las diez mujeres que recibieron este sueño, no sabían qué hacer. El brocado había desaparecido por completo en Tenejapa en el siglo XIX, la "Era de la Esclavitud", y no quedaban siquiera retazos de tela para vestir a los santos de la iglesia.

Algunas mujeres valientes decidieron viajar a San Andrés y a Chenalhó, donde las tejedoras todavía sabían cómo hacer el brocado. Después de varios años de estudio, las mujeres de Tenejapa aprendieron a tejer el huipil ceremonial de Chenalhó. Hicieron el huipil aún más largo y se lo llevaron a Santa Lucía para que se lo pusiera. Una vez satisfecha la santa, las mujeres se hicieron huipiles para ellas mismas y luego ayudaron a recrear los festivales y oficios religiosos que habían sido devastados por la Revolución Mexicana, la "Era del Hambre". Las tejedoras se convirtieron en jueces, y presidieron todos los festivales hasta que envejecieron y murieron.

One night, in the isolated hamlets of Tenejapa, a number of women had the same dream. Santa Lucia appeared to the women and told them she wanted to wear a brocaded *huipil*. The ten women who received this dream didn't know what to do. Brocading had completely disappeared in Tenejapa during the 19th century, "the Time of Slavery," and not even scraps of fabric were left to clothe the saints in the church.

A few brave women decided to travel to San Andrés and Chenalhó where the weavers still knew how to brocade. After years of study, the Tenejapa women learned how to weave the ceremonial *huipil* of Chenalhó. They made the *huipil* even longer and brought it back for Santa Lucia to wear. Once the saint was satisfied, the women made *huipils* for themselves and then helped recreate the festivals and religious offices that had been devastated by the Mexican Revolution, "the Time of Starvation." The weavers became judges and presided over all the festivals until they grew old and died.

Contrario: Durante los milenios, la bolsa de malla, tejida en hilo de algodón, se ha utilizado para cargar casi todo, en este caso, naranjas y un rebozo de lana negro.

Opposite: For millennia, the net bag, woven of cotton or maguey fiber cord, has been used to tote almost everything, in this case, oranges and a black wool shawl.

Las otras mujeres del pueblo se encontraban frente a un dilema. Los diseños y la distribución de Chenalhó fueron creados para un huipil de tres paneles–con una pieza central y dos piezas laterales para las mangas–mientras que las mujeres de Tenejapa usaban un huipil de dos paneles, y los diseños simplemente no funcionaban para su huipil de diario. Así que separaron los diseños y los acomodaron en filas que cruzaban los dos paneles para lograr un efecto satisfactorio. Pero habían quedado espacios entre las filas continuas de brocado, y se tenían que arreglar de alguna manera. Las tejedoras separaron el "deseño del universo" (conocido en Tenejapa como "hilo azul", por el algodón azul índigo que se usaba para enmarcar el rombo grande) y descartaron el hilo azul junto con los rombos pequeños de las cuatro esquinas. El diseño simplificado parecía la huella de un perro. Esta innovación, y otras innovaciones más, fueron ampliamente admiradas y velozmente adaptadas por sus antiguas maestras de Chenalhó; se han seguido difundiendo hasta la actualidad.

The other women of the town faced a dilemma. The Chenalhó designs and layout were created for a three-web *huipil*—a central panel with two side panels as sleeves—whereas Tenejapa women wore a two-web *huipil*, and the designs just didn't work for their daily *huipil*. And so, they took the designs apart and made them fit into rows that would cross the two webs to pleasing effect. But now there were spaces in between the solid rows of brocade, and something had to be done with those spaces. The weavers took apart the "Universe" design (called "Blue Thread" in Tenejapa because indigo blue cotton was used to frame the large diamond) and omitted the blue thread and the small diamonds in the four corners. The simplified design looked like a dog's paw print. These and other innovations were greatly admired and quickly adapted by their former teachers in Chenalhó, and they continue to spread today.

Contrario: Hileras del diseño "pata del perro" alternan con el diseño ceremonial "universo" del que se deriva.

Opposite: Rows of the "Dog's Paw" design alternate with the ceremonial "Universe" design from which it derives.

A lo largo del último siglo, Tenejapa ha realizado una serie de cambios en su indumentaria. El huipil ya no se teje en lana, ni en algodón con brocado de lana, sino que se hace de manta con bordado de estambre acrílico. En la década de los sesenta, a la Sra. Frances Mendez, esposa del Presidente, le disgustaba usar lana rasposa contra su piel, y comenzó a usar un suéter de cuello de tortuga debajo de su huipil. Esto causó furor. Ahora, en lugar de usar sus huipiles como atavío cotidiano, todas las mujeres de Tenejapa usan cuellos de tortuga. Por fin, las tenejapanecas hicieron algo excepcional con los diseños antiguos que sus tatarabuelas se habían esforzado tanto por aprender: tradujeron los patrones brocados a diseños tejidos a gancho. Actualmente, todas, independientemente de ser o no dueñas de un huipil, son dueñas de una bolsa de mano embellecida con los antiguos diseños.

Tenejapa has made a number of changes in costume over the last century. The *huipil* is no longer woven in wool or wool-brocaded cotton but in acrylic yarn embroidered on *manta*. In the 1960's the president's wife, Frances Mendez, didn't like wearing scratchy wool against her skin and began wearing a turtleneck sweater under her *huipil*. This became the rage. All Tenejapa women now wear turtlenecks instead of *huipils* for everyday wear. Finally, the Tenejapans did something remarkable with the ancient designs their great-great-grandmothers strove so hard to learn; they transferred the brocaded patterns into crochet designs. Today everyone, whether they own a *huipil* or not, owns a handbag embellished with the ancient designs.

Una nueva técnica—del gancho—preserva los diseños antiguos.

A new technique— crochet—preserves ancient designs.

Contrario: La mujer de Tenejapa que detiene la imagen del santo pronto conducirá la procesión sagrada desde la iglesia hasta la plaza del pueblo.

Opposite: The Tenejapa woman holding the saint's image will soon lead the holy procession from the church to the town square.

SAN JUAN CANCUC

El día de mercado—Sábado
- ❖ Fiesta de San Juan Evangelista, del 25 al 27 de diciembre
- ❖ Fiesta de San Lorenzo, del 8 a 10 de agosto

Market Day—Saturday
- ❖ Feast of St. John the Evangelist, December 25th to 27th
- ❖ Feast of St. Lawrence, August 8th to 10th

Contrario: La colocación aparentemente al azár de los rombos coloridos esconde la estructura compleja matemática que subyace al brocado de Cancuc.

Opposite: The seemingly random placement of colored rectangles belies the complex mathematical structure underlying Cancuc brocade.

Estas bolsas tejidas a gancho aparecen también en Cancuc, lo cual no es sorprendente, ya que Tenejapa y Cancuc no sólo tienen en común un idioma–el tzeltal–sino que también un antiguo mercado; éste se encuentra en su frontera compartida, sobre la cueva de Yochib. Lo que es aún más sorprendente, es la poca influencia que Tenejapa ha tenido sobre Cancuc. La indumentaria de Cancuc es completamente diferente a la de Tenejapa.

Rodeado por un agreste paisaje de montañas, Cancuc ha desarrollado una moda propia asombrosa. La comunidad, aparentemente, toma prestadas las ideas de de Oxchuc, que comparte un traje similar. El huipil de las mujeres es largo, pasando la rodilla, y se teje en tres paneles. Hace un siglo, el huipil probablemente era sencillo, el hilvanado y el escote elaborados con hilo de colores. El bordado alrededor del cuello tiene cuatro pinzas, dos al frente y dos al reverso, un motivo que guarda semejanza con un diseño maya antiguo. Los rectángulos de brocado en malla que se encontraban al frente y en las mangas de las camisas de hombre y en el canesú de los huipiles de mujer, había sido más escaso; pero los tiempos han mejorado y el brocado de Cancuc florece.

◆

The crocheted bags of Tenejapa also appear in Cancuc, which is not so surprising since Tenejapa and Cancuc share a common language, Tzeltal, and an ancient marketplace, located on their mutual border, above the cave of Yochib. What is surprising is how little Tenejapa has influenced Cancuc. The costume of Cancuc is completely different from that of Tenejapa.

Surrounded by a dramatic mountain landscape, Cancuc has developed its own astonishing fashion. Apparently the community only takes pointers from Oxchuc, which shares a similar dress. The women's *huipil* is long, extending below the knee, and is woven in three webs. A century ago, the *huipil* was probably plain, with colored thread used for the join stitch and the neckline. The embroidery around the neck features four rays, two on the front and two on the back, a motif reminiscent of an ancient Maya design. The rectangles of heddle brocade on the front and sleeves of the men's shirt and the bodices of the women's *huipils* used to be sparser, but times have improved and Cancuc brocade is flourishing.

Arriba: La mayoría de los hombres de Cancuc
continúan poniendo ropa tejida a diario.

Above: Most men in Cancuc continue to wear
handwoven clothing every day.

Debajo: Mujeres rumbo a una fiesta cruzan el río
por una puente de hamaca.

Below: Women on the way to a festival cross the
river on a hammock bridge.

Los dos estilos de brocado en malla–un rectángulo de color liso, y filas de colores que se alternan con cortas franjas verticales de otros colores–a menudo se combinan para formar un complejo tablero ajedrezado, casi alucinógeno, de alternancias precisas de color en un patrón demasiado complejo para ser captado a simple vista. Los colores de moda, al principio los rojos y luego los rosas, se han tornado en celeste. Dado el formato básico a cuadros, las mujeres todavía pueden utilizar el rosa y el granate, y después agregar sencillamente unos cuadrados azules para mostrar que su huipil está al día. Las franjas de la orilla–hilo de colores en las partes laterales del tejido–se han hecho tan populares que su uso se está expandiendo, casi igualando las franjas anchas que se observan en el no tan lejano Oxchuc. A diferencia de Oxchuc, estas franjas no son lisas, sino que una compleja serie de verticales angostas en azul o en rojo, además de otros colores secundarios. Unas cuantas mujeres de Cancuc han adoptado la franja central de Oxchuc, aunque a la fecha, permanece angosta y discreta.

En contraste a la mayoría de las comunidades de hoy en día, los hombres de Cancuc utilizan todavía camisas tradicionales y pantalones cortos blancos. Las mangas de la camisa son ajustadas y abrigadas, y cuando el sol más calienta, los hombres sacan sus brazos de las mangas, los extienden a través de las anchas aberturas a los costados de la camisa, y permiten que las mangas se agiten libremente, como vestigios de sus apéndices.

The two styles of heddle brocade—a rectangle of solid color and rows of color with alternating colors in short vertical stripes—are often combined to form a complex, almost hallucinogenic checkerboard of precise alternations of colors in a pattern too complex to grasp at first sight. The fashionable colors, once red, then pink, have turned to clear blue. Given the basic checkerboard format, women can still use pink and maroon and simply add some blue squares to show that their *huipil* is up to date. Selvage stripes—colored threads placed at the side edges of the weave—have become so popular that they are expanding in size, almost equaling the wide stripes seen in nearby Oxchuc. Unlike those of Oxchuc, these stripes are not solid but a complex set of thin verticals of blue or red along with secondary colors. A few Cancuc women have adopted the central stripe of Oxchuc, although to date, it remains narrow and discrete.

In contrast to most communities nowadays, Cancuc men still wear traditional shirts and short white pants. The sleeves of the shirt are tight and warm; as the sun grows hotter, the men pull their arms out of the sleeves, extend them through the wide slits along the sides of the shirt, and let the sleeves flap free like vestigial appendages.

Contrario: Los huipiles tradicionales tienen el mismo trazado, pero existe una individualidad enorme en cuanto al arreglo de los colores.

Opposite: Traditional *huipils* have the same layout, but there is enormous individuality in how the colors are arranged.

43 kms.

OXCHUC

El día de mercado—Sábado
- ❖ Fiesta de Santo Tomás, del 19 al 21 de julio
- ❖ Fiesta del Kajwaltik, comienza el 31 de diciembre a las
  12 de la noche y dura 13 días

Market Day—Saturday
- ❖ Santo Tomás Feast, July 19th to 21st
- ❖ Feast of Our Lords, starts on December 31st at 12 PM
  and lasts 13 days

Contrario: Don Manuel Pérez Cocom y su esposa son los guardianes de la tradición en Oxchuc. Los dos visten estilos más antiguos y sencillos. Su tienda y su museo exhiben textiles tradicionales e instrumentos musicales.

Opposite: Don Manuel Pérez Cocom and his wife are the keepers of tradition in Oxchuc. Both wear older, simpler styles of dress. Their shop and museum display traditional textiles and musical instruments.

La mayoría de los hombres de Oxchuc utilizan sus camisas tradicionales sólo en ocasiones formales. En los últimos veinte años, su centro de ceremonias ha sufrido una intensa urbanización, invasiones de sectas evangélicas y ataques serios de discordia social. Sin embargo, bajo la superficie, las tradiciones perduran. Cuenta la leyenda que Oxchuc guarda una serie de libros antiguos, incluyendo las ordenanzas españolas de 1687.

Cuando la vida era menos próspera, el huipil de Oxchuc era más sencillo. Ahora que las mujeres pueden comprar el hilo de colores más caro, las originales franjas rojas han sido reemplazadas por franjas anchas que cubren casi completamente el huipil en rojo intenso, o más recientemente, en morado. Alrededor del cuello se bordan cuatro rayos, mismos que se observan en Cancuc. El frente del huipil está decorado con bloques de brocado en malla, aunque en menor medida que el huipil de Cancuc, donde el brocado cubre el centro y se extiende hasta atravesar los hombros. El brocado de Oxchuc aparece sólo en el frente, a menudo en bloques intercalados con espacios. Unas cuantas mujeres han acomodado los puntos de color para formar rombos y arcos geométricos. Utilizando esta técnica, es posible recrear los brocados de Tenejapa, o inclusive algunos diseños del tapizado europeo (como lo hicieron las tejedores de Zinacantán en los años noventa); pero es probable que las mujeres no se desprendan de sus complejos bloques de colores.

Most Oxchuc men wear their traditional shirts only for formal occasions. In the past twenty years, their ceremonial center has undergone intense urbanization, invasions of evangelical sects, and serious bouts of social unrest. Nevertheless, traditions endure beneath the surface. According to legend, Oxchuc harbors a number of ancient books, including the Spanish Ordinances of 1687.

When life was less prosperous, the Oxchuc *huipil* was plainer. Now that women can afford expensive colored thread, the original stripes of red have been replaced with wide stripes of deep red or, more recently, purple, which almost fill the entire *huipil*. Embroidered around the neck are the same four rays seen in Cancuc. The front of the *huipil* is decorated with blocks of heddle brocade, although less than the Cancuc *huipil*, where brocade covers the center and spreads across the shoulders. Oxchuc brocade appears only on the front, often in blocks with spaces between them. A few women have arranged the color points to form geometric diamonds and arcs. Using this technique, it is possible to recreate Tenejapa brocades or even European tapestry designs (as the Zinacantecs did in the 1990's), but it is likely that the women will keep their complex blocks of color.

Contrario: Mujeres que atienden la fiesta de San Agustín visten rayas, que se hacen más anchas cada año. El estilo más nuevo ya ni blanco tiene.

Opposite: Women attending the Festival of St. Augustine wear stripes, which are growing wider each year. The latest style has no white at all.

Mientras que el huipil de Oxchuc se apega a una larga tradición local, la nueva blusa de mujer refleja una tendencia de la moda que se extiende por toda la región. La blusa de diario, con mangas infladas y tiras de bordado en punto de cruz que decoran el escote cuadrado, es una variación de un estilo que usan las mujeres de Abasolo, donde actualmente el punto de cruz es el último grito de la moda.

◆

While the Oxchuc *huipil* adheres to a long local tradition, the new women's blouse reflects a fashion trend that is spreading throughout the region. This everyday blouse, with its puffed sleeves and strips of cross-stitch embroidery decorating the square neck line, is a variation on a style worn by the women of Abasolo, where cross-stitch embroidery is now the rage.

Arriba: En agudo contraste con el huipil tradicional es un nuevo diseño inventado por una mujer de Chilon que se casó con un Oxchucero. Ella casó la punta de cruz de Chilón con la blusa plisada y creó un estilo cuya popularidad está creciendo.

Above: In sharp contrast with the traditional *huipil* (left) is a new design invented by a woman from Chilon who married an Oxchucero. She wedded Chilon cross stitch to a pleated blouse and started a popular trend.

Arriba: Para las ceremonias, es de rigor que la gente ponga la vestimenta tradicional. Sin embargo, como la ropa tejida cuesta mucho más que la ropa de fábrica, no todos los hombres se la pueden pagar.

Above: For ceremonies, people are expected to dress in traditional attire. However, since handwoven clothes cost far more than factory wear, not all men can afford it.

CHALCHIHUITÁN

PANTELHÓ

CHENALHÓ

SAN JUAN
CANCUC

TENEJAPA

61 kms.

OXCHUC

ABASOLO

SAN CRISTÓBAL
DE LAS CASAS

HUIXTÁN

CHANAL

ABASOLO

❖ Fiesta de San Martín, del 9 al 11 de noviembre

❖ St. Martin's Feast, November 9th to 11th

Contrario: Una mujer Tzeltal de Bachajón (la mapa, interior de la portada) cose unos listones sobre una falda. Este estilo de falda y blusa ya predomina en la vestimenta de Abasolo.

Opposite: A Tzeltal woman from Bachajón (map, inside front cover) sews ribbons on a skirt. This style of skirt and blouse now dominates Abasolo costume.

Más adelante de Oxchuc, en el pueblo tzeltal de Abasolo, no habían aparecido señales del brocado o del bordado sino que hasta hace muy recientemente. La blusa antigua de Abasolo se ribeteaba sencillamente con listones. Las mujeres ahora están adoptando una blusa con un escote redondo ancho, rodeado por una tira de bordado en punto de cruz y de encaje de adorno. La blusa define lo que podría llamarse el "estilo de los alrededores tzeltales", que se usa en una inmensa área del norte y del este de Chiapas. Mientras que la mayoría de las mujeres de Abasolo están aprendiendo patrones en punto de cruz de sus vecinas tzeltales al norte, unas cuantas también están estudiando el estilo diferente de sus vecinos tzotziles en Huixtán. Actualmente están envueltas en un diálogo más amplio de la moda, ya que, en un sentido, el traje de Huixtán es una respuesta clara al "estilo de los alrededores tzeltales", y es interesante ver la manera en que ha evolucionado.

◆

In the Tzeltal town of Abasolo, just up the road from Oxchuc, there were no signs of brocading or embroidery until very recently. The old Abasolo blouse was simply trimmed with ribbons. Now women are adopting a blouse with a wide round neckline surrounded by a strip of cross-stitch embroidery and a lacy frill. This blouse defines what may be called the Greater Tzeltal Style, which is worn over an immense area of eastern and northern Chiapas.

While most Abasolo women are learning cross-stitch patterns from their Tzeltal neighbors to the north, a few are also studying the very different style of their Tzotzil neighbors in Huixtán. At the moment, the women are caught in the middle of a larger fashion dialogue. For in a sense, Huixtán dress is a clear response to the Greater Tzeltal Style, and it is interesting how it evolved.

Contrario: La blusa tradicional de Abasolo favorece los listones más que el encaje subyacente al bordado de punta de cruz.

Opposite: The traditional Abasolo blouse features ribbons rather than lace below the cross-stitch embroidery.

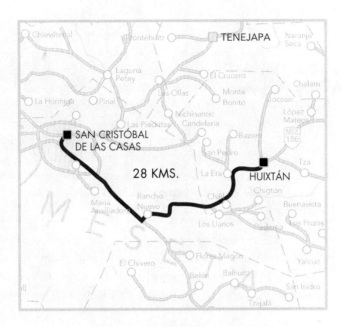

HUIXTÁN

❖ Fiesta de San Miguel Arcángel, del 27 al 29 de septiembre
❖ Fiesta de la Santa Cruz, 3 de mayo
❖ Fiesta de San Isidoro Labrador, del 3 al 15 de mayo

❖ Feast of St. Michael Archangel, September 27th to 29th
❖ Holy Cross Day, May 3rd
❖ Feast of San Isidoro Labrador, May 3rd to 15th

Contrario: Los hombres de Huixtán sólo se ponen elegantes para las fiestas y guardan sus trajes finos durante el resto del año. El rebozo ornamental usado encima del hombro fue creado en Zinacantán en 1980.

Opposite: Huixtán men only dress up for festivals and store their finery the rest of the year. The ornamental shawl worn over the shoulder was made in Zinacantán in 1980.

Al principio, la indumentaria de hombre de Huixtán era tan exagerada, que había perdido en belleza. En el año 1975, un atuendo sencillo se había inflado en un enorme despliegue de tela. Los pantalones se habían ensanchado un metro por pierna, la faja roja medía cinco metros de largo por un metro de ancho, el bolso de red estaba tejido de manera tan apretada, que hasta era posible bordarlo. Gracias a estas increíbles hazañas del telar, el traje cotidiano sufrió una condena a la indumentaria ceremonial. Reservado para fiestas, la indumentaria se mantiene como una muestra ostentosa de tela. Con el frente de los pantalones remangado para mostrar el frente del muslo, el estilo recuerda a la indumentaria que se ve en los murales de Bonampak, donde los taparrabos enmarcan la parte superior de la pierna.

En Nuevo Huixtán, una colonia joven de la Selva Lacandona, los colonos se aferran ferozmente a las tradiciones huixtecas. Las mujeres todavía usan el huipil antiguo que consta de dos paneles de tela, que una vez puesto, el cuello adquiere forma V. Las flores de puntos satinados, brotan del hilvanado con más abundancia que cuando la gente migró por primera vez a la selva; pero la distribución del huipil no ha cambiado. Casi nadie usa ya ese estilo en Huixtán.

◆

First the Huixtán men's costume, a classic case of taking a good thing too far. By 1975 a simple outfit had ballooned into an enormous display of cloth. The pants had expanded to a meter's width for each leg, the red belt was five meters long and a meter wide, and the net bag was woven so tightly it could be embroidered. These astounding feats of the loom immediately doomed traditional daily wear to ceremonial attire. Reserved for fiestas, the costume remains an ostentatious display of cloth. With the front of the pant legs pulled up to display the front of the thigh, the style is reminiscent of costumes seen in the Bonampak murals where the loincloth and hipcloth frame the upper leg.

In Nuevo Huixtán, a young colony in the Lacandon rainforest, settlers fiercely cling to Huixtecan traditions. Women retain the old-style *huipil*, with its two webs of cloth forming a V-neck when worn. Flowers in satin stitch burst out of the join stitch with far more profusion than when they first migrated to the jungle, but the layout of the *huipil* is the same as before. Almost no one in Huixtán wears that style anymore.

Contrario: Arropados por diez metros cuadrados de tela tejida a mano pero con las piernas al desnudo en el estilo maya del Clásico, los hombres de Huixtán exhiben la vestimenta masculina más elaborada de los Altos.

Opposite: Draped in ten square meters of handwoven cloth yet baring their legs in Classic Maya style, Huixtán men display the most elaborate male dress of the Highlands.

El huipil huixteco ha sido reemplazado por una blusa. Un huipil no se arma; para confeccionarlo, se hilvanan dos o tres piezas, o paneles rectangulares. La blusa es una confección europea; la tela se corta para que se ajuste al cuerpo, y se le agrega una pieza adicional para las mangas, posiblemente con una entretela bajo el brazo para facilitar el movimiento. La blusa, por modesta que sea su confección, es conceptualmente distinta al huipil maya, que consta de una pieza única de tela tejida en telar. La blusa moderna de Huixtán, se hace con base al mismo patrón de la blusa tzeltal: un escote ancho rodeado por una tira de bordado y adornos de encaje. Como en los huipiles antiguos, las flores están bordadas en punto satinado y no en punto de cruz. Es la blusa tzeltal expresada en tzotzil.

Otros cambios han sido innovadores. El chal ahora se borda con grandes ramos de flores, y de las costuras de las faldas que en su principio fueron sencillas, ahora brotan pequeñas flores exquisitas que algunas veces crecen en espléndidos arreglos florales. En conjunto, el traje huixteco es una expresión alegre de los nuevos tiempos, gracias a los caminos que han facilitado la comunicación con los vecinos tzeltales más al norte y al sur, y no con otros tzotziles situados en la zona más occidental.

◆

In Huixtán, the *huipil* has been replaced with a blouse. A *huipil* has no tailoring; it has two or three rectangular panels, or "webs," of cloth sewn together along the edges. A blouse follows European tailoring; the cloth is cut to fit the body, and a separate piece of fabric is added for the sleeves with perhaps a gusset below the arm for easier movement. Although the tailoring may be modest, a blouse is a different concept from a Maya *huipil*, which consists of the whole cloth woven on the loom. The modern Huixtán blouse follows the same pattern as the Tzeltal blouse: a wide neckline surrounded by a strip of embroidery and a lace frill. Instead of cross-stitch, the embroidered flowers are done in satin stitch, just like the old *huipils*. It is the Tzeltal blouse expressed in Tzotzil.

Other changes have been evolutionary. The shawl is now embroidered with large bouquets of flowers, and the skirt seams, once plain, now blossom with exquisite little flowers that sometimes grow into lavish floral arrangements. As a whole, the Huixtán woman's dress is a joyful expression of new times when roads have made it easier for people to communicate with Tzeltal neighbors to the north and south rather than with other Tzotziles to the west.

Arriba:Ch'ul Antz', Nichimal Antz', Mujer Sagrada, Mujer Floreada, es una frase Tzotzil utilizada para dirigirse a las santas. Con ramos de flores en sus rebozos, aros de flores en sus blusas y pequeñas flores en las faldas, las mujeres de Huixtán viven en la belleza y lo sagrado.

Above : *Ch'ul Antz', Nichimal Antz'*, Holy Woman, Flowery Woman, is a Tzotzil phrase used to address female saints. With bouquets of flowers on their shawls, rings of flowers on their blouses, and tiny flowers on their skirts, Huixtán women live in beauty and holiness.

CHENALHÓ
SAN JUAN CANCUC
TENEJAPA
OXCHUC
SAN CRISTÓBAL DE LAS CASAS
HUIXTÁN
56 kms.
CHANAL
AMATENANGO DEL VALLE

CHANAL

❖ Fiesta de San Pedro Mártir, del 27 al 29 de abril
❖ Fiesta de la Virgen de la Candelaria, del 31 de enero al 2 de febrero

❖ Feast of St. Peter the Martyr, April 27th to 29th
❖ Virgin of Candelaria Feast, January 31st to Februrary 2nd

Contrario: El uso inovativo de los listones por las mujeres de Chanal empezó hace cuarenta años y desde entonces se ha expandido, pero aquí el estilo se ha apenas evolucionado.

Opposite: The innovative use of ribbons by Chanal women began forty years ago and has since become widespread, yet here the style has barely evolved.

Al sur de Huixtán, se encuentra la comunidad tzeltal de Chanal. Hace una generación, las mujeres usaban una blusa sencilla con filas de diseños triangulares bordados en la pechera. Actualmente, la blusa chanal está decorada sencillamente con listones. La falda también está decorada con listones de color y encaje–un híbrido de los estilos tzeltal y tojolabal maya. Esta falda, sin embargo, se usa poco. Chanal es una de las pocas comunidades de Chiapas donde el traje tradicional está en declive. Es un giro de los hechos lamentable, especialmente cuando se considera que Chanal en su momento fue la fuente de inspiración de dos importantes comunidades tzeltales, Amatenango y Aguacatenango.

◆

South of Huixtán lies the Tzeltal community of Chanal. A generation ago, women wore a plain blouse with rows of triangular designs embroidered on the yoke. Today, the Chanal blouse is simply decorated with ribbons. The skirt is also decorated with colored ribbons and lace—a hybrid of Tzeltal and Tojolabal Maya styles. But this skirt is seldom worn. Chanal is one of the few communities in Chiapas where traditional dress is in decline. This is a sorry turn of events, especially in view of the fact that Chanal was once the source and inspiration for two important Tzeltal communities, Amatenango and Aguacatenango.

AMATENANGO
DEL VALLE

- ❖ Fiesta de San Francisco de Asís, del 2 al 4 de octubre
- ❖ Fiesta de la Virgen de la Candelaria, del 31 de enero al 2 de febrero
- ❖ Fiesta de Santa Lucía, del 11 al 13 de diciembre

- ❖ Feast of St. Francis of Assisi, October 2nd to 4th
- ❖ Virgin of Candelaria Feast, January 31st to February 2nd
- ❖ St. Lucy's Feast, December 11th to 13th

Contrario: Amatenango es un pueblo de ceramistas en la carretera Panamericana. Con el acceso fácil al transporte, estas artesanas se han hecho las mayores comerciantes de macetas y figuras de cerámica hechas a mano.

Opposite: Amatenango is a pottery village on the Pan American Highway. With easy access to transportation, these craftswomen became the major marketers of handmade flowerpots and figurines.

Las mujeres de Amatenango son alfareras, no tejedoras. Hace años, compraban sus blusas en Chanal. Actualmente, su tela proviene, en gran medida, de Guatemala y de la ciudad de Comitán. Hay tejidos especiales que se les envían sobre pedido desde Carranza, una comunidad tzotzil hacia el sur.

El huipil amatenanguense es único, tiene una radiante zona decorativa rectangular que se extiende hacia la orilla externa de la tela y que cubre el pecho y la espalda. Una banda ancha en rojo rodea el escote, seguida por una banda en amarillo, a menudo intercalada cada ancho de mano, con franjas angostas de colores. Las bandas de colores se cosen en punto Chevron, pero las presillas son tan largas que es necesario hilvanarlas con una máquina de coser. Hay triángulos bordados alrededor de las orillas de las bandas concéntricas, y aparece otra banda en rojo en la sección del talle, que forma una U. Esta forma en U no ocurre en ningún otro lugar de Chiapas, aunque es común en Guatemala, donde se dice que es símbolo de la luna.

The women of Amatenango are potters, not weavers. Years ago, they acquired their blouses in Chanal. Today, most of their cloth comes from Guatemala and the nearby Chiapas city of Comitán. Special weaves are ordered from Carranza, a Tzotzil community to the south.

The Amatenango *huipil* is unique, displaying a bright rectangular area of decoration that extends toward the outer edge of the cloth and covers the breast and back. A wide band of red runs around the neck, followed by a band of yellow that is often broken up every hand width with narrow bands of color. The bands of color are sewn in herringbone stitch, but the loops are so long they need to be tacked down with a sewing machine. Around the edge of the concentric bands are embroidered triangles. Another band of red appears at the midriff and forms a U. This U shape does not occur elsewhere in Chiapas although it is common in Guatemala, where it is said to signify the moon.

Contrario: El huipil de Amatenango es vestido por las mujeres maduras. Cuando una mujer se retira, ya no agrega rayas verticales de colores a la raya amarilla.

Opposite: The Amatenango *huipil* is worn by mature women. When a woman retires, she no longer adds vertical colored stripes to the yellow band.

El característico huipil de Amatenango podría no ser maya, sino que africano. El gran número de esclavos africanos que fueron llevados a Chiapas por los españoles, tuvo un impacto decidido en el arte y en la cultura colonial; la marimba, derivada de la *mibira* de África occidental, es el mejor ejemplo. Aunque difícil de demostrar, es posible que hasta cierto punto la población africana haya influido en los textiles mayas. Según una autoridad en el tema, los colores y el estilo del huipil de Amatenango, definitivamente tienen un "aire africano".

Por otra parte, las blusas de diario de Amatenango, se parecen a las de Huixtán, excepto que las llamativas flores en punto satinado que decoran las blusas de Amatenango, siempre se ven de frente, y no en perspectiva. Aun cuando se cosen a máquina, las flores bordadas demuestran gran habilidad; después de todo, el trabajo a máquina es un complicado proceso artesanal que requiere de gran coordinación entre ojos y manos. Algunas blusas se decoran con una tira de listón doblado y trenzado alrededor del cuello. Aunque el escote es más angosto que el de la blusa de la región tzeltal más hacia el norte–que cuelga sensualmente de los hombros–el estilo de Amatenango posee un estilo indómito.

The distinctive Amatenango *huipil* may not be Maya at all but African. The large numbers of African slaves brought to Chiapas by the Spanish had a decided impact on colonial arts and culture; the marimba, which is derived from the West African *mibira*, is the best example. Although hard to prove, it is possible that the African population influenced Maya textiles to some degree. The colors and style of the Amatenango *huipil*, according to one authority, definitely have an "African look."

On the other hand, the everyday blouses worn in Amatenango resemble those of Huixtán, except that the bold satin-stitch flowers adorning Amatenango blouses are always seen head-on rather than in perspective. Even when sewn on a machine, the embroidered flowers show great skill; after all, machine work is still an intricate artisanal process that requires great hand-eye coordination. Some blouses are decorated with a strip of folded and braided ribbon that circles the neck. Although the neckline is narrower than the northern Tzeltal blouse, which sensuously drapes the shoulder, the Amatenango style possesses an indomitable flair.

Contrario: Muchachas y mujeres ponen una blusa floral bordada con una franja de encaje, basada en el estilo de Aguacatenango. Las infantes visten una blusa inspirada en el estilo de Chanal.

Opposite: Girls and young women wear a floral embroidered blouse with lace fringe, based on the Aguacatenango style. Infants wear a blouse inspired by the Chanal style.

AGUACATENANGO

❖ Fiesta de la Virgen de la Natividad, del 6 al 8 de septiembre

❖ Virgin of the Nativity Feast, September 6th to 8th

Contrario: La blusa de Aguacatenango fue copiada por la mujeres de Amatenango hace una década. Las mujeres de Aguacatenango siguieron inovando y siendo copiadas, hasta que cambiaron de lo multicolor al monocromo, lo que finalmente las apartó de sus vecinas.

Opposite: The Aguacatenango blouse was copied by women in Amatenango a decade ago. Aguacatenango women continued to innovate, only to be copied again until they changed from multi-color to monochrome, which finally set them apart from their neighbors.

La blusa floral usada en Aguacatenango es casi idéntica a la de Amatenango. La diferencia principal se encuentra en la sencillez de las blusas de esta humilde aldea ubicada a tan sólo cinco kilómetros de distancia. Aguacatenango tiende a utilizar sólo un color en sus blusas bordadas, mientras que en Amatenango, las flores brotan en muchos colores. Esto es porque Amatenango es una próspera comunidad alfarera, y puede permitirse el lujo de ser más ostentosa. Las mujeres adultas de Amatenango, a menudo usan el huipil mientras que en Aguacatenango, todas las mujeres usan blusas.

Lo que verdaderamente distingue a las dos comunidades es el chal. Las mujeres de Amatenango usan tela ajedrezada adquirida en Comitán. En un festival reciente de Aguacatenango, las mujeres portaron chales nuevos en su color pastel preferido.

◆

The floral blouse worn in Aguacatenango is almost identical to that of Amatenango. The main difference is that the blouses of this humble village, only five kilometers away, are simpler. Aguacatenango tends to use a single color for its embroidered blouses, while Amatenango flowers bloom in many colors. The fact is, Amatenango is a prosperous pottery community that can afford to be more ostentatious. Mature women of Amatenango often wear a *huipil,* while everyone in Aguacatenango wears a blouse.

What really distinguishes the two communities is the shawl. Amatenango women wear checkered cloth bought in Comitán. At a recent festival in Aguacatenango, the women wore new shawls in their favorite pastel color.

Contrario: Las mujeres de Amatenango de visita en la iglesia de Aguacatenango visten sus rebozos de cuadros y sus tocados. Las mujeres de Aguacatenango prefieren los rebozos que hacen juego con el color de sus blusas.

Opposite: Amatenango women, visiting the church in Aguacatenango, wear their checkered shawls and headpieces. Aguacatenango women prefer shawls that match the color of their blouses.

SAN BARTOLOMÉ
DE LOS LLANOS
VENUSTIANO
CARRANZA

❖ Fiesta de San Bartolomé Apóstol, del 22 al 24 de agosto

❖ Fiesta de San Sebastián, del 18 al 20 de enero

❖ Fiesta del 3° viernes de Cuaresma

❖ Feast of St. Bartholomew, August 22nd to 24th

❖ Feast of St. Sebastian, January 18th to 20th

❖ Feast of 3rd Friday of Lent

Contrario: Los mayores de la comunidad visten camisas, pantalones y rebozos ceremoniales tejidos a mano y brocados.

Opposite: Elders of the community wear handwoven and brocaded shirts, pants, and ceremonial shawls.

El camino de Aguacatenango conduce hacia el Valle Grijalva y hacia la única comunidad de tejedoras tzotziles en la tierra baja tropical, San Bartolomé de los Llanos Venustiano Carranza. El tejido de ahí es exquisito, fino como el encaje, y Maya Clásico en técnica y diseño. Las mujeres se pasean por las calles con huipiles que podían haber sido usados por las reinas de Bonampak. Algunas mujeres están usando estilos nuevos que encajarían perfectamente en los *boulevards* de Paris.

Hasta la década de los cuarenta, el huipil de Carranza se teñía en índigo; en su momento una de las exportaciones más importantes del Valle Grijalva. De hecho, toda la ropa, tanto de hombre como de mujer, era azul. Es muy posible que en realidad, el cambio generalizado del rojo al azul que ocurrió en los Altos haya sido un regreso. De los cuatro huipiles que he visto del siglo XIX, los tres de Chamula eran azules; el cuarto, de San Andrés, era rojo. Es posible que el rojo, como color dominante, sólo haya sido una moda pasajera del siglo XX, cuando los tintes económicos de anilina finalmente hicieron que el rojo fuera asequible. Ahora que todos los colores son de valor equivalente, la gente nuevamente está usando el color preferido por sus bisabuelos. Carranza fue la última comunidad que renunció al azul, y cuando lo hizo, usó el color blanco hasta el final del siglo.

The road from Aguacatenango leads down to the Grijalva Valley and to the only Tzotzil weaving community in the tropical lowlands, San Bartolomé de los Llanos Venustiano Carranza. The weaving there is exquisite, sheer as lace, Classic Maya in technique and design. Women saunter through the streets in *huipils* that could have been worn by the queens of Bonampak. Some are wearing new styles that would look fashionable on the boulevards of Paris.

Until the 1940's, the Carranza *huipil* was dyed in indigo, once a major export of the Grijalva Valley. In fact, all their clothes, men's and women's, were blue. It is quite possible that the widespread shift from red to blue that has occurred in the Highlands is actually a reversion. Of the four 19th-century *huipils* that I have seen, three of them, from Chamula, were blue; the fourth, from San Andrés, was red. It may be that red as a dominant color was just a passing fad of the 20th century, when inexpensive aniline dyes finally made red affordable. Now that all colors are equal in value, people are wearing the color preferred by their great-grandparents once again. Carranza was the last community to forsake blue, and when they did, they wore white for the rest of the century.

Contrario: El tejido abierto sencillo, una tela delgada semejante a gaza, perfecta para el trópico, ha sido usado por los mayas por más de 2000 años.

Opposite: Open plain weave, a sheer, gauze-like cloth perfect for the tropics, has been worn by the Maya for over 2,000 years.

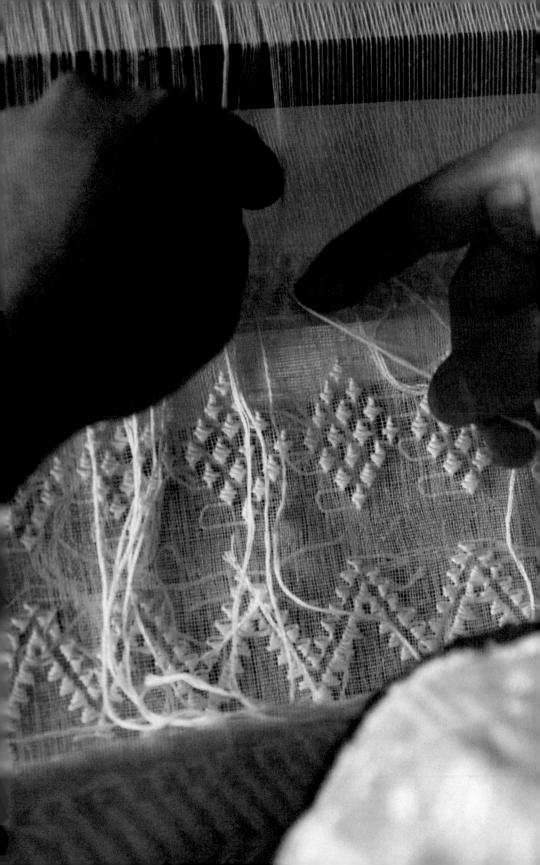

El color se introdujo gradualmente; alrededor del año 1960, un diseño rectangular fue agregado a las mangas, y luego en la década de los setenta, éste fue brocado en radiantes estambres acrílicos. El huipil que ganó un concurso de tejido en 1975, fue uno blanco con una banda doble en rojo que atravesaba el pecho, y que al mismo tiempo enmarcaba una fila de estrellas; este es el huipil que ahora se considera como *el* tradicional de Carranza.

En décadas posteriores, se hicieron huipiles en múltiples colores para la venta, y con el nuevo milenio, las mujeres decidieron probarse colores propios. El azul es, con diferencia, el color más popular, seguido por el blanco, y luego el blanco con bandas rojas horizontales. El negro, el amarillo y los colores pastel pueden ser vistos en los festivales. Los hombres, con pocas excepciones, usan el blanco.

◆

Color crept in gradually; a rectangular design on the sleeves was added around 1960 and later brocaded in bright acrylic yarns during the 1970's. A white *huipil* with a double band of red framing a row of stars across the breast won a weaving contest in 1975; that *huipil* is now considered *the* traditional style of Carranza. *Huipils* in a multitude of colors were made for sale over the next few decades, and with the new millennium, women decided to try on some colors of their own. Blue is by far the most popular, followed by white and white with red horizontal bands. Black, yellow, and pastels can be seen at festivals. Men, with few exceptions, wear white.

Arriba: Este diseño de estrellas se encuentra en los textiles desde el período Clásico maya.

Above: This star design has appeared on textiles since the Classic Maya period.

Arriba: Aunque las faldas se han encogido por lo largo y por volumen, todavía exhiben los diseños autóctonos florales en colores exuberantes.

Above: Although skirts have shrunk in length and bulk, they still display autochthonous floral designs in exuberant colors.

Para ajustarse a los gustos del siglo XXI, las faldas se han modificado drásticamente. La falda original, usada todavía por algunas mujeres, era un tubo de seis metros de circunferencia, y con dos metros de largo. La parte superior se remangaba, y lo que sobraba del lado, se doblaba y amarraba no sólo para sostener a la falda, sino que para crear también una útil bolsa. No era necesario utilizar una faja, ya que no fue sino hasta después de la Conquista que éstas se empezaron a usar para la falda de mujer. Los últimos modelos de las faldas prehispánicas en Chiapas, recientemente han pasado por un cambio radical. Éstas han sido reemplazadas por las faldas largas y ajustadas, y por las minifaldas tejidas en brocado. A los estilos modernos les puede faltar una historia venerable, pero indudablemente son más atractivas y de mejor forma. No obstante, las nuevas faldas se hacen con la combinación de colores antiguos: una base de tela azul índigo, adornada por radiantes diseños serpenteados de árboles y pájaros. Estos diseños prehispánicos se bordaban en largos puntos de presilla. Asombrosamente, las faldas contemporáneas todavía llevan los tradicionales diseños brocados.

Algunas mujeres han roto completamente con la tradición. Tejen la falda con una base en blanco o en color pastel, usan colores suaves, y acomodan los diseños en filas, como en el huipil de Carranza. Con esta falda, las mujeres usan un huipil tradicional, o le tejen especialmente una blusa, para que ésta le haga juego.

◆

Skirts have been dramatically modified to meet 21st-century tastes. The original skirt, still worn by a few women, was a tube six meters in circumference and two meters long. The top was folded down and the excess on the side folded and knotted to hold up the skirt and form a handy bag. No belt was needed, because no belts were used for women's skirts until after the Conquest. The last pre-Columbian-style skirts in Chiapas have recently undergone a radical change. They have been replaced with long fitted skirts and mini-skirts woven in brocade. The modern styles may lack a venerable history, but they are certainly more shapely and attractive to the contemporary eye. Nevertheless, the new skirts follow the old color scheme: an indigo blue base cloth adorned with bright, swirling designs of trees and birds. These antique pre-Columbian designs used to be embroidered in long, looping stitches. Surprisingly, the contemporary skirts still display the traditional brocaded designs.

Some women have broken with tradition entirely. They weave the skirt with a white or pastel base, use soft colors, and arrange the designs in rows, like the Carranza *huipil*. Over the skirt, women wear either a traditional *huipil* or a specially woven matching top.

Arriba: El vestuario de hoy saluda a la moda moderna. Las faldas ya no son unas telas voluminosas sino unos tubos ajustados con cierres. Los vestidos de moda se hacen de telas tejidas a mano. Los residentes no mayas que aprecian los tejidos indígenas tienen trajes, como este negro, tejidos para ocasiones especiales.

Above: Today's costume bows to modern fashion. Skirts are no longer voluminous cloths but tailored tubes fitted with zippers. Stylish dresses are fashioned from handwoven fabric. Non-Maya residents who appreciate indigenous weaving have outfits, like this black one, woven for special occasions.

Carranza es la única comunidad maya donde se hace el corte y confección de tejidos hechos a mano. Los *aniletik*, que son quienes montan a caballo en las fiestas, se visten con chaquetas hábilmente cortadas de tela roja brocada. En la generación anterior, este atuendo se hubiera hecho de fieltro comercial. Los sayos brocados de hombre ahora son camisas vaqueras confeccionadas. Los pantalones de hombre, una vez bombachos, ahora se hacen a la medida en blanco sobre brocado blanco. Las mujeres, por supuesto, han llevado más allá esta moda, produciendo vestidos brocados de gala, *jumpers* ajustados, y espléndidos vestidos de fiesta, especialmente diseñados, que consisten en una falda, un corsé y un saco tejido.

◆

Carranza is the only Maya community that tailors its handwoven textiles. The horseback riders who race during fiestas, the *Aniletik*, are clad in frock coats expertly cut from red brocaded cloth. A generation ago, this outfit would have been made from store-bought felt. Men's white brocaded pullovers are now tailored cowboy shirts. Men's pants, once baggy, are now custom-fitted out of white on white brocade. Women, of course, have taken this trend even further, producing brocaded ball gowns, tight-fitting jumpers, and lavish party dresses with matching skirt, corset, and jacket made from specially designed woven fabric.

Arriba: El frac rojo y los calzones vestidos por los "aniletik" (los rápidos) son un diseño colonial usado ceremonialmente en muchas comunidades, pero sólo aquí se hace el vestuario de tela tejida a mano y cortada.

Above: The red frock coat and breeches worn by the *Aniletik* ("the fast ones") are a colonial design used ceremonially in many communities, but only here is the costume made of handwoven cloth and tailored.

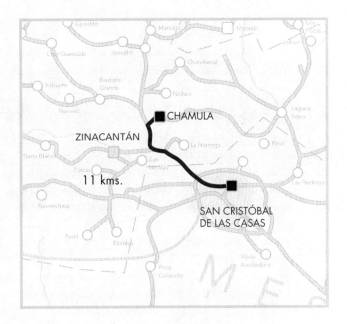

CHAMULA

El día del mercado—Domingo
* Fiesta de San Juan Bautista, del 22 al 24 de junio
* Fiesta de San Mateo, del 19 al 21 de septiembre
* Fiesta de Carnaval

Market Day—Sunday
* Feast of St. John the Baptist, June 22nd to 24th
* Feast of St. Mathew, September 19th to 21st
* Carnival (moveable feast)

Contrario A 2300 metros sobre el nivel del mar, los Altos son de clima frio. Los Chamulas visten ropa de una lana densamente tejida y hecha fieltro que son perfectas para un clima frio y húmedo.

Oppostie: At 7000 feet above sea level, the Highlands are chilly. Chamulans wear densely woven and felted wool garments, which are perfect for a cold, damp climate.

Si Carranza es la comunidad tzotzil de más alta temperatura, Chamula, a sólo cincuenta kilómetros "a vuelo de pájaro" de ésta, la más fría. A dos mil doscientos sesenta metros sobre el nivel del mar, esta comunidad montañosa, justo al norte de San Cristóbal de Las Casas, es un lugar de abundantes heladas y de lanas gruesas.

La Conquista trajo nuevas del Cordero de Dios y de la salvación de las almas, pero fue el vellón de la oveja española, la oveja churra, que salvó los cuerpos de los chamulas recién convertidos. Los edredones de algodón y las tiras tejidas de piel de conejo protegían del frío, pero la lana de oveja–una novedad para los mayas, como lo fue el algodón para los españoles–demostró ser un material mucho muy superior para la ropa. La lana permanece abrigadora aun y con un ambiente húmedo, y Chamula es húmeda casi todo el año. Después de que los frailes dominicanos convirtieran a la población chamula, los hombres adoptaron una versión austera de las casullas blancas y mantos negros de los monjes dominicos. La casulla chamula blanca, se llama *jerkoil* (de "jerga", o sarga), y el manto de mangas negro, se llama *chuj*, por los mayas chuj de Guatemala, quienes hacían y vendían esta prendas en Chiapas. Las mujeres, además de tejer faldas de lana (*tzequil*) que requerían una faja (*chuquil*), tejían un huipil (*chilil*) y un chal (*mochebal*), ambos también de lana. Los hombres usaban pantalones cortos de algodón (*vexal*), pero es poco probable que las mujeres hayan usado prendas de algodón–a excepción de los huipiles ceremoniales–antes del siglo XX.

If Carranza is the hottest of Tzotzil communities, Chamula, only fifty km. away as the crow flies, is the coldest. At 2260 meters above sea level, this mountain community, just north of San Cristóbal de Las Casas, is a world of frost and heavy wool.

The Conquest brought word of the Lamb of God and of the salvation of souls, but it was the fleece of Spanish sheep that saved the bodies of the newly converted Chamulans. Cotton quilts and woven strips of rabbit fur warded off the chill, but sheep's wool—as much of a novelty to the Maya as cotton was to the Spaniards—proved to be a far superior material for clothing. Wool will stay warm even when it is wet, and it is wet most of the year in Chamula. After the Dominican friars converted Chamula, the men adopted an austere version of the Dominicans' white chasuble and black monk's robe. The Chamulan white tunic is called *jerkoil* (from the Spanish *jerga*, or twill weave), and the black, sleeved robe is called a *chuj*, named after the Chuj Maya of Guatemala, who used to manufacture and sell these garments in Chiapas. The women wove wool skirts (*tzequil*), which required a belt (*chuquil*), along with a wool huipil (*chilil*) and wool shawl (*mochebal*). Men wore short cotton pants (*vexal*), but it is doubtful that women dressed in cotton garments, except for ceremonial *huipils*, prior to the 20th century.

Contrario: La lanilla larga afuera de esta túnica tejida es difícil de hacer y muy cara. Sólo los oficiales religiosos visten la túnica negra sin mangas.

Opposite: The long nap of wool on the outside of this woven tunic is difficult to make and very expensive. Only religious officials wear the black sleeveless tunic.

El huipil de mujer, con su nudo de borlas trenzadas, estaba hecho con base en un diseño presentado por los aztecas que acompañaban a los españoles durante la conquista de Chiapas. La moda azteca duró cuatro siglos. Hacia finales del siglo XX, las mujeres chamulas, deseosas de un cambio, comenzaron a usar blusas de algodón debajo de sus huipiles. Posteriormente, en la década de los noventa, Chamula fue invadido por nuevas fuerzas religiosas, que, por alguna extraña razón, tuvieron una influencia importante en la moda. Los misioneros evangélicos que hacían proselitismo en Chiapas les comenzaron a entregar suéteres cárdigan a sus cada vez más abundantes rebaños. Las mujeres chamulas, tanto las evangélicas como las tradicionales, abandonaron sus huipiles para ponerse los suéteres sobre blusas de satín. Al mismo tiempo, encontraron una manera de preservar la tradición: el huipil antiguo se transformó en una complicada indumentaria ceremonial, y el bordado que alguna vez adornó este huipil, fue transferido a la blusa.

The woman's *huipil*, with its knot of braided tassels, was based on a design introduced by the Aztecs who accompanied the Spaniards during the conquest of Chiapas. The Aztec fashion lasted for four centuries. By the late 20th century, Chamulan women were itching to change, and they began by wearing a cotton blouse under their *huipils*. Then, in the 1990's, Chamula was struck by new religious forces, which, strangely enough, had a powerful effect on fashion. The evangelical missionaries who were proselytizing throughout Chiapas started handing out cardigan sweaters to their burgeoning flocks. Chamulan women, both evangelists and traditionalists, retired their *huipils* in favor of sweaters worn over a satin blouse. At the same time, they found a way to preserve tradition: the old *huipil* was transformed into an elaborate ceremonial costume, and the embroidery that once adorned this *huipil* was transferred to the blouse.

Contrario: Este huipil raro hecho de lana café natural estaba de moda cuando esta mujer era una niña y todas vestían huipiles de lana café, gris, blanco o negro.

Opposite: This rare *huipil* made of natural brown wool was in fashion when this woman was a girl and everyone wore brown, grey, white, or black wool *huipils*.

La blusa bordada, que comienza con unas cuantas filas de punto de cadeneta alrededor del cuello, se convirtió rápidamente en ejemplo de habilidad y dedicación, con docenas de filas de minúsculas puntadas, que tardaban en producirse, uno o dos meses de esfuerzo. Hace algunos años, unos empresarios del cercano pueblo de Zinacantán empezaron a bordar a máquina flores zinacantecas en el canesú de las blusas chamulas. Fue una moda pasajera. Ahora, para las mujeres sin capacidad de tiempo ni dinero para bordar a mano una blusa, es una posibilidad utilizar modelos en múltiples colores; gracias a que las chamulas que se dedican al bordado, usando la máquina de coser, se las han ingeniado para imitar el punto de cadeneta.

Los cambios en la falda chamula son aún más impactantes. La falda tradicional se hacía de sarga tejida para crear una prenda robusta, resistente al agua. Se decía que era blindada. Lo mismo se decía de las mujeres chamulas, consideradas tan "candentes" que podían derretir balas. Desafortunadamente, esto no demostró ser cierto cuando las tropas de las mujeres chamulas se enfrentaron con los soldados enemigos durante la Guerra de Castas de 1869.

◆

Beginning with a few rows of chain stitch around the neck, the embroidered blouse quickly became a tour de force of skill and dedication, with dozens of rows of miniscule stitchery that took a month or two of effort to produce. A few years ago, entrepreneurs from the nearby town of Zinacantán started machine-embroidering the bodices of Chamulan blouses with flowers in Zinacantec style. It was a passing fad. Now that Chamulan embroiderers have figured out how to imitate chain stitch on a sewing machine, women with neither the time nor money to make a hand-embroidered blouse are wearing the new tops in a multitude of colors.

Changes in the Chamulan skirt are even more striking. The traditional skirt was a twill weave woven into a sturdy, water-resistant garment. It was said to be bullet proof. The same was said about Chamulan women, who were considered so "hot" they could melt bullets. Unfortunately, neither proved to be true when troops of Chamulan women faced enemy soldiers during the Caste War of 1869.

Arriba: La punta de cadena que se ve en el huipil (arriba izquierda) emigró a la blusa, donde se hizo tan elaborada que algunas mujeres no podían costear su compra ni su hechura. Como todas deben vestir una blusa correcta, las mujeres de Chamula inventaron una punta de maquina que imita al bordado de mano (abajo izquierda).

Above: The chain stitch seen on the *huipil* (upper left) migrated to the blouse, where it became so elaborate that some women couldn't afford to buy or make one. Since everyone has to wear a proper blouse, Chamula women invented a machine stitch that imitates hand embroidery (lower left).

Esta nueva falda, creada por las mujeres en el Centro Chamula en el año 2003, es excepcional por otras razones. Usando una trama con fibras extremadamente largas, la lana se teje, se tiñe y se encoge, se fieltra, y luego se peina para extraer las hebras largas de lana. El resultado es una extraordinaria falda con una pelusa afelpada de cinco a siete centímetros de largo. El proceso es increíblemente costoso en tiempo y dinero; en el mercado de Chamula, la lana de fibras largas cuesta más de cincuenta dólares por kilo. Toda mujer que usa este estilo, sabe, al igual que todas las demás mujeres chamulas que la rodean, que su falda comprende una fortuna en lana.

◆

The new skirt, created by women in Chamula Center In 2003, is exceptional in other ways. Using a weft with extremely long fibers, the wool is woven, dyed, shrunk, felted, and then combed to draw out the long wool strands. The result is an extraordinary skirt with a two- to three-inch furry nap. The entire process is incredibly time-consuming and expensive; longhaired wool costs more than fifty dollars a kilo in the Chamula market. The woman who wears this style knows, as do all the Chamulan women around her, that she is wearing a fortune in wool.

Arriba: Las blusas se hacen en todos los colores, así como los cinturones tejidos. Los suéteres se escogen para hacer juego o contrastar con el resto del vestuario.

Above: Blouses are made in all colors, as are the woven belts. Sweaters are chosen to match or contrast with the rest of the outfit.

Arriba: Unas jóvenes bordando blusas para vender en San Cristóbal.

Above: Young women embroidering blouses for sale in San Cristóbal.

Esta falda, que se parece tanto a una piel de animal, tanto que podría ser comercializada como una fuente orgánica de piel sintética, podría contener otro mensaje. La piel no es de oso, porque en Chiapas no los hay. Más probablemente, las faldas se hacen para imitar las pieles de los monos aulladores, que cada vez se encuentran con menos frecuencia en la selvas de Chiapas. Los chamulas usan la piel de mono aullador para hacer los sombreros cónicos usados por los *max*-los "monos" rituales que retozan en el Carnaval. La piel de mono aullador puede parecer una elección extraña, pero en tzotzil, el mono aullador es *batz'*; y *batz'i* es la palabra que significa "verdadero", "correcto" y "auténtico". En el *Popol Vuh*, el libro donde se narra la antigua historia épica de la creación de los mayas quichés, los incorregibles hermanos mayores de los Héroes Gemelos son convertidos en Mono Aullador y en Mono Araña (*Max*), mecenas divinos de las artes. Naturalmente, estos traviesos hermanos aparecen representados en el Carnaval con sombreros de piel de mono aullador. La piel, entonces, tiene asociaciones antiguas y poderosas. La mujer que decide crear una *batz'i tzec*, una "falda verdadera", ¡podría muy posiblemente, estar imitando a *batz'*!

There may be another message in this skirt, which so closely resembles an animal pelt it could be marketed as an organic source of fake fur. The fur is not bear, because there are no bears in Chiapas. Most likely, the skirts are made to imitate the skins of howler monkeys, which are found in ever decreasing numbers in the Chiapas rainforest. Chamulans use howler monkey fur for the conical hats worn by the *Max*—the ritual "monkeys" who cavort during Carnival. Howler monkey fur may seem an odd choice, but in Tzotzil, the word for howler monkey is *batz'*, and *batz'i* is the word for "true," "right," and "real." In the *Popol Vuh*, the ancient creation epic of the Quiché Maya, the incorrigible older brothers of the Hero Twins are turned into Howler Monkey and Spider Monkey (*Max*), divine patrons of the arts. Naturally, these mischievous brothers make an appearance during Carnival dressed in howler monkey fur hats. The fur, then, has ancient and powerful associations. The woman who chooses to create a *batz'i tzec*, a "true skirt," may well be imitating a *batz'*!

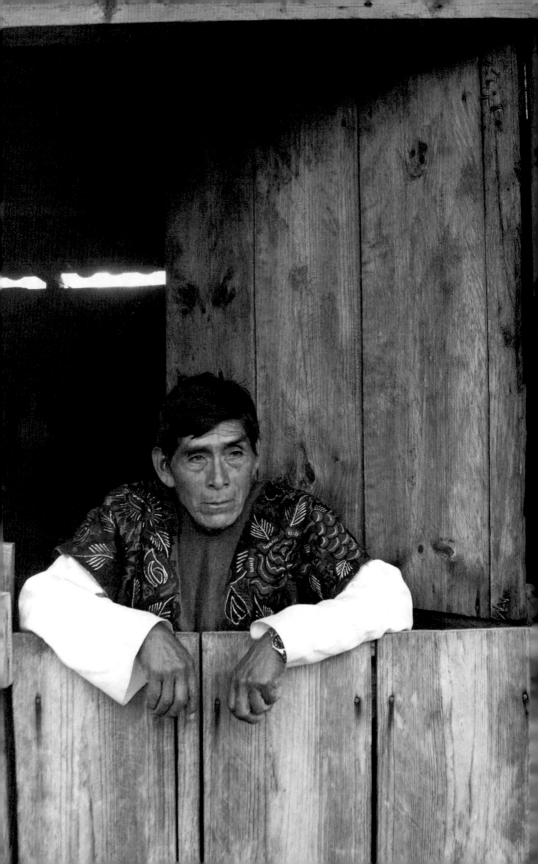

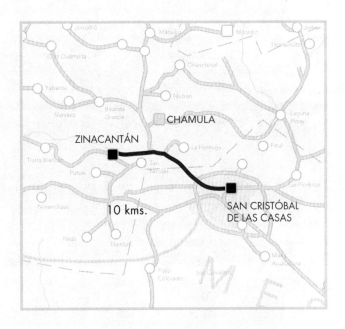

ZINACANTÁN

El día del mercado—Domingo
- ❖ Fiesta de San Lorenzo, del 8 al 10 de agosto
- ❖ Fiesta de San Sebastián, del 18 al 20 de enero
- ❖ Fiesta de Todos Santos, 1° y 2 de noviembre

Market Day—Sunday
- ❖ Feast of St. Lawrence, August 8th to 10th
- ❖ Feast of St. Sebastian, January 18th to 20th
- ❖ Feast of All Souls, November 1st and 2nd

Contrario: Tanto los hombres como las mujeres visten textiles florales profusamente bordados.

Opposite: Men as well as women wear profusely embroidered floral textiles.

Mientras que Chamula se esfuerza por incorporar cada cambio a la tradición antigua, el municipio vecino de Zinacantán se ve sumergido en un frenesí por la moda, que en una sola generación, ha transformado un atuendo sencillo en un exuberante y versátil ramo de flores. Esta extraordinaria florescencia podría ser una consecuencia artística de la exitosa industria local–el cultivo de flores. Es además un reflejo de la manera en que los zinacantecos han manejado las influencias exteriores.

◆

As Chamula strives to integrate every new change into ancient tradition, the neighboring township of Zinacantán is caught up in a fashion frenzy that has transformed, in a single generation, a plain outfit into an exuberant, ever- changing bouquet of flowers. This remarkable florescence may be an artistic byproduct of the community's successful local industry—flower-raising. It is also a reflection of how Zinacantecs have dealt with outside influences.

Arriba: Los rebozos de las mujeres en los colores del 2009

Above: Women's shawls in the colors of 2009

La indumentaria zinacanteca era sencilla antes del año 1975, que fue cuando una maestra enseñó a bordar a las mujeres que vivían en la aldea de Nabenchauk. Las zinacantecas probablemente habían estudiado anteriormente el bordado, pero ahora ya contaban con algo de dinero para comprar estambre, y, gracias a las nuevas líneas eléctricas, contaban además con suficiente luz para poder bordar en las noches. Algunos años después, las refugiadas guatemaltecas que migraban por los Altos, les enseñaron a las zinacantecas la manera de expandir sus diseños; de sencillos rectángulos de colores brocados en malla de telar–similares a los de Cancuc u Oxchuc–a tapices de animales y flores que se podían copiar de los muestrarios de punto de cruz. Para la década de los noventa, la indumentaria de Zinacantán era una ilustración deslumbrante de distintas técnicas de bordado y de complicado brocado. Ya que se esperaba que en cada hogar zinacanteca respetable, se usara ropa nueva para cada uno de los dos festivales principales–San Sebastián en enero y San Lorenzo en agosto–las esposas tenían que crear una túnica nueva para sus esposos, una tela para cargar a sus bebés, y un conjunto nuevo consistiendo en falda, blusa y chal para ellas mismas; todas éstas, brocadas y bordadas en colores combinados. El intenso trabajo se convirtió en un problema.

Zinacantec costume was unadorned prior to 1975, when a schoolteacher introduced embroidery to women living in the hamlet of Nabenchauk. Zinacantecs had probably studied embroidery before, but now they had a little more money to buy yarns and, thanks to new electric lines, enough light to embroider in the evenings. A few years later, Guatemalan refugees moving through the Highlands showed Zinacantecs how to expand their heddle-brocaded designs from simple colored rectangles, similar to those seen in Cancuc and Oxchuc, to animal and floral tapestries that could be copied from cross-stitch samplers. By the 1990's, Zinacantec costume was a dazzling illustration of varied embroidery techniques and elaborate brocading. Since every upstanding Zinacantec household was expected to wear new clothes for their two principal festivals, San Sebastián in January and San Lorenzo in August, wives had to make a new tunic for their husbands,
a new carrying cloth for the baby, and a new skirt, blouse, and shawl for themselves, all with color-coordinated brocades and embroidery. The intense amount of labor became a problem.

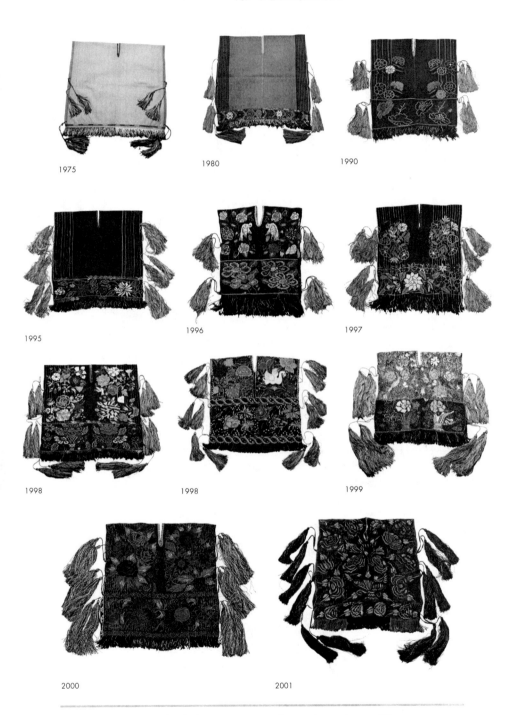

1975

1980

1990

1995

1996

1997

1998

1998

1999

2000

2001

Arriba: La evolución del bordado Zinacanteco en el tardío siglo XX.

FOTOGRAFÍAS: Tim Read

Above: The evolution of Zinacantec embroidery in the late 20th century

PHOTOGRAPHS: Tim Read

Las mujeres zinacantecas que acompañaban a sus esposos a vender flores en Mérida, encontraron la solución. Descubrieron que las mujeres mayas yucatecas usaban antiguas máquinas de coser Singer para bordar flores en sus huipiles. Impactadas por este proceso ahorrativo de labor, compraron las mejores máquinas de coser que encontraron, y comenzaron a bordar sus propias prendas y a ofrecer sus servicios a sus vecinas. Gracias al bordado a máquina, las mujeres ahora pueden tejer la tela de la base para las faldas y chales, y luego esperar para escoger los colores y el diseño adecuados para la siguiente fiesta. Dos semanas antes de los festivales de invierno y verano, todas las máquinas de coser en Zinacantán están a tope, mientras tanto, la dueña de la tienda de bordado escucha a sus clientas, dibuja los diseños, selecciona la paleta; luego les pasa el trabajo a los jóvenes muchachos que se encuentran esclavizados ante sus máquinas de coser para terminar a tiempo las piezas. ¡Hasta unas diez mil prendas nuevas pueden ser producidas para un festival!

◆

Zinacantec women who accompanied their husbands on flower-selling expeditions to Merida came up with a solution. They discovered that Yucatec Maya women used antique Singer sewing machines to embroider flowers onto their *huipils*. Impressed by this laborsaving process, they bought the best sewing machines they could find and started embroidering their own garments and offering this service to their neighbors. Thanks to machine embroidery, women can now weave the base cloth for skirts and shawls and then wait before choosing the appropriate embroidery colors and designs for the next fiesta. Two weeks before the winter and summer festivals, all the sewing machines in Zinacantán are running full out as the matron of the embroidery shop listens to her clients, draws the designs, selects the color palette, and then hands over the work to young men who slave over the sewing machines to get the pieces out in time. As many as ten thousand new garments may be produced for a festival!

Arriba: La maquina de coser es solamente una herramienta para colorear los diseños dibujados a mano. Después del 2000, la moda ha cambiado tan rápidamente que los Zinacantecos han tenido que inventar un método más rápido para crear los últimos diseños y por eso adoptaron la maquina de coser.

Above: The sewing machine is just a tool to color in the hand-drawn designs. After 2000, fashions changed so quickly that Zinacantecs had to develop a faster method to create the latest designs, and so they adopted the sewing machine.

Arriba: La paleta de los colores y los diseños florales cambian año con año. En el 2001 (arriba izquierda) el vestuario era casi negro, pero desde entonces se han agregado más colores cada año. A la derecha están los colores del 2011.

Above: Color palettes and floral designs change annually. In 2001 (upper left), the costume was almost black, but since then, more colors have been added each year. On the right are the colors of 2011.

Este continuo cambio en atavíos a la moda no está exento de problemas. Desde el principio, una disputa sobre los colores casi dividió en dos a la comunidad. En la medida que el trabajo artesanal se hacía cada vez más complejo y los colores más radiantes, las mujeres que gestionaban las nuevas tiendas de máquinas de coser, de alguna manera decidieron, o alguien les dijo (nadie acepta haber tomado la decisión), que en la temporada 2000, los colores serían el negro con tonos verde olivo y gris. –El negro lo rompió [la tradición], –se quejaron los críticos; y las más apegadas a la tradición, inmediatamente impulsaron un movimiento retro donde destacaban los rojos encendidos. Los colores de la temporada actual pueden aparecer en las orillas de los chales, pero el tono central es el rojo clavel, en solidaridad con una tradición más antigua. Algunas mujeres se rehúsan a usar diseños hechos a máquina, por lo que prefieren bordar a mano, en punto de cruz, sus prendas. Una elección curiosa, ya que, de todas las técnicas de bordado, el punto de cruz nunca había sido previamente utilizado. Mientras tanto, frente a las máquinas de coser, las mujeres han atenuado sus colores. A lo largo de ocho años, el negro se ha ido aclarando para aterrizar en el verde oliva, al azul marino, al azul pálido y al aguamarina. En el festival de San Sebastián en el invierno del año 2009, en la ropa, el color floral más importante fue el rojo. Para el verano de ese mismo año, en rosas éste se tornó. El próximo año, podrían dominar el rojo, el amarillo y el blanco; al menos estos son los colores que se usan actualmente en los talleres para producir las piezas fuera de temporada para familiares y amigos.

This continual shift in fashionable apparel is not without its conflicts. From the very beginning, a dispute over color almost split the community. As handwork became more complex and colors more radiant, the women running the new sewing machine shops somehow decided, or were told (no one will admit to the decision), that black with shades of olive green and gray were to be the colors of the 2000 season. "Black has broken it [tradition]," critics complained, and immediately the stalwarts started a retro movement featuring blazing reds. The colors of the current season may appear on the edges of their shawls, but the central hue is carnation red, in solidarity with an older tradition. Some women refuse to wear machine-made designs and instead hand-embroider their apparel in cross-stitch, a curious choice since, out of all the embroidery techniques, cross-stitch has never been used before. Meanwhile, the women at their machines have tempered their colors. Over the course of eight years, black brightened to olive green, to navy blue, pale blue, and aquamarine. At the Festival of San Sebastián in the winter of 2009, red was the major floral color. By summer, everything was coming up roses. Next year, red, yellow, and white may predominate; at least these are the colors being used in the workshops now producing off-season pieces for family and friends.

Arriba: Varios tonos de azul prevalecieron del 2004 al 2008 y después el rojo predominó en el 2009, con amarillo y café agregados en el 2011.

Above: Various shades of blue prevailed from 2004 to 2008, and then red became dominant in 2009, with yellow and brown added in 2010.

Las tejedoras experimentan constantemente, probando ideas nuevas para ver cómo las recibe el público; pueden o no ser acogidas. Hay muchas líderes de la moda, pero no todas tienen un gran número de seguidoras. Antes de que se decida que un cambio pueda ser o no algo positivo para la comunidad, se monta junto con el proceso creativo, una importante y seria discusión particularmente en torno a la mujer que aparece en carmesí.

En Zinacantán, donde las flores bordadas son especialmente grandes, los colores especialmente distintivos, y los estilos versátiles, duplicados a granel, asistimos a una intensa discusión sobre el color, la forma y la tradición que se está dando en los Altos de Chiapas. Prestando atención a lo que hacen sus vecinos, cada comunidad está creando su estilo propio, ignorando por completo la opinión sobre la moda de las personas que no son mayas. Carranza es la excepción. Ahí, las mujeres miran hacia la moda occidental mientras encuentran sus propias expresiones de lo que significa ser maya en el siglo XXI.

Weavers are constantly experimenting, trying out new ideas and testing them out in public, where they may or may not gain popular acceptance. There are many fashion leaders, but not all of them gather a large following. Mixed in with the creative process is a great deal of serious talk about that woman who appeared in crimson before it is generally decided whether the change is a good thing for the community after all.

What we see in Zinacantán, where the embroidered flowers are so large, the colors so distinctive, and the ever-changing styles repeated en masse, is an intense discussion of color, form, and tradition that is happening everywhere in Highland Chiapas. Each community is creating its own new style with more than a passing glance at their neighbors, but with complete disregard for what non-Maya may think is fashionable. Carranza is the exception. There, women are looking at Western fashions but are coming up with their own expressions of what it is to be Maya in the 21st century.

Arriba: Para la fiesta de San Sebastián, los hombres visten sus túnicas floreadas. Sin tanta conciencia de moda como las mujeres, la mayoría de los hombros visten colores de años anteriores.

Above: For the Festival of St. Sebastian, men put on their flowery tunics. Not as fashion-minded as women, most men wear colors from previous years.

SAN CRISTÓBAL
DE LAS CASAS

Zinacantán está a sólo diez kilómetros de San Cristóbal de Las Casas, la ciudad colonial en el centro de los Altos, donde los mayas han ido siempre a intercambiar mercancías, o a tratar con las autoridades gubernamentales y eclesiásticas. En las últimas décadas, esta ciudad se ha convertido en un lugar donde se va para encontrar trabajo, para visitar a parientes a la orilla del pueblo, y donde se envía a los hijos mayores a la preparatoria y a la universidad. Los tiempos han cambiado. Los mayas siempre han sido parte vital de la economía de San Cristóbal; pero ahora que se han convertido en parte esencial de la sociedad urbana, han dejado de usar su peor ropa en la ciudad. Si por un periodo de tiempo lo suficientemente largo, te paras en una esquina transitada, probablemente podrás observar todas las vivaces modas descritas en este libro.

Zinacantán is only ten km. from San Cristóbal de Las Casas, the colonial city in the center of the Highlands where the Maya have always gone to market or to deal with government and ecclesiastical authorities. In the last few decades, the city has become a place to find work, to visit relatives who live on the edge of town, and to send older children to high school and university. Times have changed. The Maya have always been vital to San Cristóbal's economy, but now that they are becoming an integral part of urban society, they no longer wear their worst clothes in town. If you stand on any busy street corner long enough, you will probably see all the vivid fashions described in this book walking past.

Contrario: Una Zinacanteca y dos Chamulas junto a la Catedral de San Cristóbal.

Opposite: A Zinacantec and two Chamula women beside the Cathedral in San Cristóbal.

Visita las comunidades mayas en tiempo de fiestas, cuando los santos son transportados desde la iglesia hasta la plaza para que puedan contemplar a su gente honrando devotamente la tradición. Sólo los cohetes son capaces de competir con las espirituales muestras de fe y creatividad labradas en su indumentaria. Visita las comunidades mayas en días de mercado. Entre los coloridos puestos de frutas y verduras, cubetas de plástico, y discos compactos, probablemente advertirás a una tejedora chamula ensalzando las virtudes de sus túnicas a un joven que busca el traje ceremonial perfecto; a una dama zinacanteca, vestida de pies a cabeza en flores deslumbrantes azules, que se pasea serenamente por la muchedumbre, seguida por sus hijas adolescentes, también de azul, para indicar que son de la misma familia; a una mujer de San Andrés que vende husos, que mira a los nuevos patrones, y que luego voltea hacia su pequeña que lleva puesto un huipil en miniatura, con el diseño rojo más tradicional. Pues es, justamente, en la tradición donde comienza la explosión del color y el concepto. Entre festivales y bulliciosos mercados, presenciarás seguramente una multitud de expresiones individuales de lo que significa actualmente la tradición maya. Este brillante discurso de lo que es hermoso, verdadero y correcto, fluye en lustrosas oleadas de arte.

◆

Go to Maya communities during festivals when the saints are carried in procession out of the church and through the plaza, there to behold their people devoutly honoring tradition. Only the fireworks will rival the spirited display of faith and creativity woven into the costumes. Go to Maya communities on market days, and amid the colorful stalls of fruits, vegetables, plastic buckets, and CDs, a Chamulan wool weaver may be extolling the virtues of her tunics to a young man searching for the proper ceremonial dress. A Zinacantec matron dressed from head to toe in bright blue flowers strolls serenely through the crowd, followed by her teenage daughters wearing matching blue, to indicate they are from the same family. A San Andrés woman selling spindles looks up at the new patterns and then turns to her little girl, who is wearing a miniature *huipil* in the most traditional red design. For it is in tradition that the explosion of color and concept begins. In the midst of festivals and bustling markets, you are sure to witness a multitude of individual expressions of what Maya tradition means today. It flows in shining waves of artistry, this brilliant discourse on what is beautiful, true, and right.

Arriba: Joven Zinacanteca

Above: Young girl from Zinacantán

ÍNDICE/INDEX

Abasolo, 86-89; **89;** map, 87

Aguacatenango, 106-109; **106,109**; map, 107

Amatenango de Valle, 100-105; **100, 103,105**; map, 101

Anselmo Perez, 22

Asociación Cultural Na Bolom, ii, iii

Bachajón, **86**; map

Carranza, see San Bartolomé de los Llanos Venustiano Carranza

Chalchihuitán, 46-53; **iv, 46, 49, 51**; map, 47

Chamula, 120-131; **120, 123, 125, 127, 128, 129, 131**; map, 121

Chanal, 96-99; **96, 99**; map, 97

Chenalhó and Mitontic, 60-65; **60, 63, 64, 65**; map, 61

Cocom, Don Manuel Pérez, **80**

Crocheted bag, **72**

Dog's Paw motif, 28, 29, 52, 64 **71**

El Bosque, 40-45; **40, 43, 44, 45**; map,

41

Foxx, Jeffrey J., 9

Hairy Hand, legend of, 2

Huixtán, 90-95; **90, 93, 95**; map, 91

Lady Xoc of Yaxchilán, *huipil* motifs of, 9

Living Maya, illustration from, **9**

Magdalenas Aldama, 13-20; **iv, 17, 23, 30**; map, 13

María Luisa Armedáriz, ii, iii

Mitontic, see Chenalhó and Mitontic

Morris, Walter F. "Chip" Jr., ii, iii

Oxchuc, 80-85; **80, 82, 84, 85**; map, 81

Pantelhó, 54-59; **54, 57, 59**; map, 55

Pedro Meza M., 22

Pepin motif, **29**

Pulseras, **58, 59**

Puns and jokes, 48, 56, 124

Saint Mary Magdalene, **12**

San Andrés Larráinzar, 3, 5, 7, **10-11, 34-39; 34, 37, 38, 39**; map of, 35

Contrario: El mayordomo y sus ayudantes supervisan el juego ritual de basket durante la fiesta de Magdalenas.

Opposite: The mayor and his assistants oversee the ritual basketball game during the Festival of Mary Magdalene.

San Andrés, legend of, 2

San Bartolomé de los Llanos Venustiano Carranza, 110-118; **110, 113, 114, 115, 117, 119**; map, 111

San Cristóbal de las Casas, 144-148

San Juan Cancuc photos

San Juan Cancuc, 74-79; **74, 79**; map, 75

Santa Marta 24-29; **24, 27, 28**; map, 25

Santa Marta, festival of, 6

Santiago al Pinar, ritual procession, 7

Santiago El Pinar photo, 33

Santiago El Pinar, 30-34; **7, 5, 30, 31**; map, 31

Sna Jolobil, 20, 56

Tenejapa, 66-70; **66, 69, 71, 73**; map, 67

Toad motif, **22**

Transvestites, ritual, 62, **63**

Twined bag, photo, **9**

Tzohaats' Cob, see Hairy Hand

Tzotzil Maya, history, language, and culture of, 8

Universe Design, 29; **19, 71**

Yok Tz'i', see Dog's Paw motif

Zinacantán, 132-143; **132, 134, 135, 137, 138, 139, 141, 143, 147**; map, 133

PHOTOGRAPH CREDITS

Walter F. Morris, Jr.: back cover, pages 19, 28, 33, 37, 38, 53, 65(left two), 69, 72, 115 (right), 117 (top & left), 125, 127, 134, 138, 139 (right), 143, 152

Janet Schwartz: pages 23, 40, 43, 44, 45, 49, 51, 54, 57, 59, 64, 65 (right two), 74, 77 (below), 79, 84, 86, 89, 93, 95(below), 96, 110, 113, 115 (left), 117 (right), 119, 120, 123, 127(upper left), 128, 135, 139 (left), 141

Alfredo Martínez Fernandez: cover, pages i, iii, vi, viii–3, 5, 7, 10, 11, 12, 15, 17, 21, 24, 27, 29, 30, 34, 39, 46, 60, 63, 66, 71, 73, 77 (above), 80, 83, 85, 90, 95(above), 99, 100, 103, 105, 106, 109, 114, 129, 131, 132, 144, 147, 148

Walter F. Morris, Jr. ("Chip") llegó a Chiapas como turista de Boston en 1972 y permaneció para hacerse profundamente experto acerca de los textiles y la cultura de la región de los Altos. La fluidez de su Tzotzil y el tiempo extenso que ha pasado en los pueblos mayas le han dado una comprensión particular de la historia y el simbolismo de los textiles mayas. Sus libros incluyen *Presencia Maya, Mil años del tejido en Chiapas,* y *Dinero hecho a mano: artesanos latinoamericanos en el mercado.* Chip apoyó la fundación de Sna Jolobil, una asociación de tejedoras Mayas basado en San Cristóbal quienes fomenta la excelencia en el arte nativo textil. Recibió un premio MacArthur en 1983 por su trabajo sobre la simbología de los textiles en Chiapas.

Janet Schwartz es originaria de Nueva York y vino a Chiapas en 1978 con una beca Fullbright para estudiar los murales de Bonampak; ella continuó como diseñadora de ropa, guía de turistas y periodista con miles de artículos en su haber.

Alfredo Martínez Fernandez estudió la fotografía en el centro educativo Kodak en México y la cinematografía en el Museo Carrillo Gil. Su especialidad es documentar aventuras, deportes extremos y excursiones. Ha visitado ochenta países como reportero y documentarista.

Carol Karasik es la editora de numerosos libros sobre Chiapas, incluyendo a *Presencia Maya, People of the Bat: Tales and Dreams of Zinacantán,* y *Every Woman is a World.* Es la autora de*The Turquoise Trail: Native American Jewelry and Culture of the Southwest.*

◆

Walter F. Morris Jr. ("Chip") came to Chiapas as a tourist from Boston in 1972 and has stayed on to become deeply expert in the textiles and culture of the Highlands. His fluency in Tzotzil and his extensive time in Maya villages have given him unique insights into the history and symbolism of Maya textiles, which he has shared generously in his writings. His books include A *Millenium of Weaving in Chiapas, Living Maya,* and *Handmade Money: Latin American Artisans in the Marketplace.* Chip is a founder of Sna Jolobil, a weaving collective based in San Cristóbal, which both supports weavers and fosters excellence in native textile arts. He received a MacArthur Award in 1983 for his work in on textile symbology in Chiapas.

Janet Schwartz is a native New Yorker who came to Chiapas in 1978 on a Fulbright Scholarship to study the Bonampak Murals; she has gone on to become a clothing designer, a tour guide, and ultimately a journalist with thousands of by-lines to her credit.

Alfredo Martínez Fernandez trained in photography at the Kodak educational center in Mexico and filmmaking at the Carrillo Gil Museum. He specializes in documenting adventures, extreme sports, and expeditions. He has visited eighty countries as a reporter and documentarian.

Carol Karasik is a writer and an editor of numerous books on Chiapas, including *Living Maya, People of the Bat: Tales and Dreams of Zinacantán,* and *Every Woman is a World.* She is the author of *The Turquoise Trail: Culture and Jewelry of the American Southwest.*